KB170836

인생에 한번쯤
교양으로 읽는
법구경

인생에 한번쯤
교양으로 읽는
법구경

초판 1쇄 인쇄 2022년 9월 19일
초판 1쇄 발행 2022년 9월 29일

지은이 | 법구
엮은이 | 지개야 스님
펴낸이 | 김의수
펴낸곳 | 레몬북스(제 396-2011-000158호)
주　소 | 경기도 고양시 덕양구 삼원로73 한일윈스타 1406호
전　화 | 070-8886-8767
팩　스 | (031) 990-6890
이메일 | kus7777@hanmail.net

ISBN 979-11-91107-29-6 (03140)

<<< 흔들리는 나를 일으켜 세우는 고전 속으로 >>>

인생에 한번쯤

교양으로 읽는

법구경

법구 지음 + 지개야 스님 편저

레몬북스
lemon books

法句經

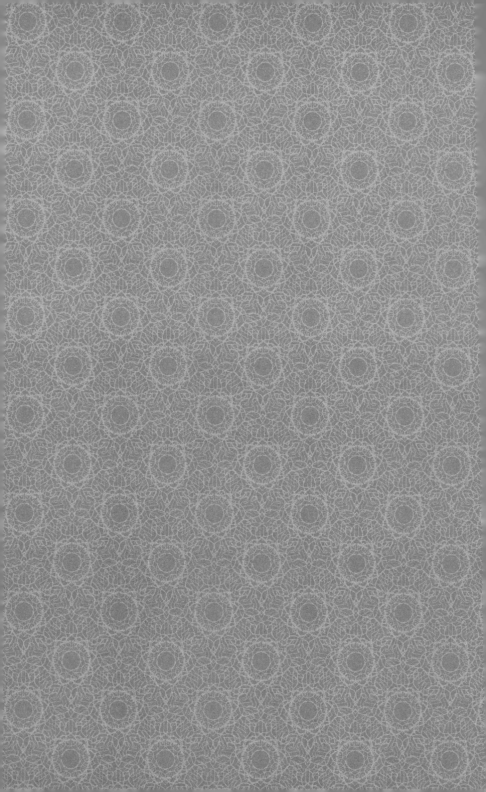

法句經

모든 것은 다 영원한 것이 없으며 끊임없이 옮겨가고 변화하며

늘 그대로 머물러 있지 않는다

이러한 무상한 것 가운데 오직 부처님 도리만이 영원히 변치 않는 진리이다

無常品

무상품
부처님 도리만이 영원히 변치 않는 진리이다

모든 것은 다 영원한 것이 없으며 끊임없이 옮겨가고 변화하며
늘 그대로 머물러 있지 않는다. 이러한 무상한 것 가운데
오직 부처님 도리만이 영원히 변치 않는 진리이다.

무 상 품 자　　오 욕 혼 란
無常品者는 寤欲昏亂하고

영 명 난 보　　유 도 시 진
榮命難保하며 唯道是眞이니라.

풀이 ▶▶▶　무상품이란 욕심의 혼란을 깨우치고, 영화와 목숨을 보존하기 어려우며, 오직 도(道)만이 '참(眞)'임을 일컫는 것이다.

주해 ▶▶▶　영명(榮命): 영화와 목숨. • 난보(難保): 보존하기 어려움. • 도(道): 불도(佛道), 곧 부처님의 가르침.

수면해오   의환희사
睡眠解寤어든 宜歡喜思하라

청아소설   찬기불언
聽我所説하고 撰記佛言하다.

풀이 ▸▸▸ 어서 잠에서 깨어나 기뻐하며 생각하라. 내 말을 잘 듣고 부
처님의 말씀 빠짐없이 갖추어 기록하라!

주해 ▸▸▸ 희사(喜思): 기쁜 마음으로 받아들여라. • 불언(佛言): 부처님 말씀,
석가모니불을 일컬음.

소행비상   위흥쇠법
所行非常하니 謂興衰法이라

부생첩사   차멸위락
夫生輒死하니 此滅爲樂이니라.

풀이 ▸▸▸ 이 세상 모든 것 변하지 않는 것 하나도 없으니 흥하고 쇠하
는 법이다. 모두가 이러하니라. 무릇 태어나면 반드시 죽나니 이 멸함
이 불행인 줄 알아야 한다.

주해 ▸▸▸ 행(所行): 세상의 모든 변화하는 존재. • 비상(非常): 항상 영원함이
없고 변하는 것 • 멸(滅): 열반(涅槃), 열반은 도를 완전히 이루어 일체(一切)
의 번뇌를 끊고 불생불멸의 법성(法性)을 증험한 해탈의 경지, 불생불멸(不生
不滅)은 생겨나지도 않고 또한 없어지지도 않는 상주(常住)인 것, 곧 진여실
상(眞如實相)의 존재, 열반의 경계임.

비 여 도 가　　연 식 작 기
譬如陶家가　埏埴作器나

일 체 요 괴　　인 명 역 연
一切要壞니　人命亦然이니라.

풀이 ▶▶▶　비유컨대 질그릇을 만드는 사람이 흙을 이겨 그릇을 만들어
도, 모두가 반드시 깨어지는 것과 같이 사람의 목숨 또한 그러하니라.

주해 ▶▶▶　비여(譬如): 비위하면 ~와 같다. • 도가(陶家): 도공(陶工), 도자기를
만드는 사람. • 연식(埏埴): 찰흙을 이김. • 일체(一切): 모든 것. • 요괴(要壞):
반드시 깨어짐.

여 하 사 류　　왕 이 불 반
如河駛流하여　往而不返하니

인 명 여 시　　서 자 불 환
人命如是하여　逝者不還이니라.

풀이 ▶▶▶　강물이 한 번 흘러가면 다시 돌아오지 않듯이 사람의 목숨도
이와 같아서 한 번 간 사람은 다시는 돌아오지 않는다.

주해 ▶▶▶　사류(駛流): 빨리 흐르는 강물. • 불반(不返): 되돌아오지 않
음. • 서자(逝者): 한 번 간 사람, 즉 죽은 사람.

비 인 조 장　　행 목 식 우
譬人操杖하고　行牧食牛하여

노 사 유 연　　역 양 명 거
老死猶然하니　亦養命去니라.

풀이 ▶▶▶ 마치 사람이 채찍을 잡고서 목축을 하여 소를 잡아 먹는 것처럼 늙음과 죽음도 그와 같아서 역시 생명을 기른 후에 사라져 간다.

천 백 비 일　　족 성 남 녀
千百非一이니 族姓男女가

저 취 재 산　　무 불 쇠 상
貯聚財産이니 無不衰喪이니라.

풀이 ▶▶▶　천 사람, 백 사람, 모든 사람, 집집마다 남녀들이 재물을 모으지만, 망하고 잃지 않는 사람 하나도 없다.

주해 ▶▶▶　비일(非一): 한 사람도 아닌 모든 사람 • 족성(族姓): 같은 문벌의 친척들 • 저취(貯聚): 모으다.

생 자 일 야　　명 자 공 삭
生者日夜로 命自攻削하니

수 지 소 진　　여 영 병 수
壽之消盡이 如榮窲水니라.

풀이 ▶▶▶　살아 있는 밤낮으로 자기 목숨 상하게 하고 갉아먹으니, 생명의 등불 다 하고 꺼짐이 마치 낙숫물이 돌에 구멍을 뚫는 것 같다.

주해 ▶▶▶　명자공삭(命自攻削): 제 생명을 제 스스로 치고 갉아먹다. • 소진(消盡): 사라져 없어짐. • 영병(榮窲): 낙숫물.

상 자 개 진　　　고 자 역 타
常者皆盡하고 高者亦墮하며

합 회 유 리　　　생 자 유 사
合會有離하고 生者有死니라.

풀이 ▶▶▶　세상일은 모두가 다함이 있고, 부귀영화 누리던 사람도 역시 끝이 있나니, 만나면 헤어짐이 있는 것같이, 살아 있는 자에게는 죽음이 있다.

주해 ▶▶▶　常者(상자): 인연에 의해서 생멸하는 모든 일. ∙高者(고자): 부귀공명을 누리는 높은 사람 ∙합회(合會): 만나다, 즉 사람이 서로가 만나는 것을 뜻함 ∙有離(유리): 헤어지는 것을 말한다.

중 생 상 극　　　이 상 기 명
眾生相剋하여 以喪其命하나니

수 행 스 타　　　자 수 앙 복
隨行所墮며 自受殃福이니라.

풀이 ▶▶▶　중생은 서로 싸우고 다투어, 그리하여 목숨을 잃는다. 행동에 따라 떨어지는 곳이 있으니, 복도 재앙도 스스로가 만들어서 받는 것이다.

주해 ▶▶▶　自受(자수): 자기가 만든 결과를 스스로 돌려받음.

노 견 고 통　　　사 즉 의 거
老見苦痛하고 死則意去나

낙 가 박 옥　　　탐 세 부 단
樂家縛獄하며 貪世不斷이니라.

풀이 ▸▸▸ 늙으면 병고에 시달리고, 죽으면 마음마저 사라지는데 그런 데도 욕심에 얽매여 세상일 탐내어 그치지 않는다.

주해 ▸▸▸ 老見(노견): 늙으면, 늙어 보면. ∙ 縛獄(박옥): 오욕락에 얽매임. 〈오욕락(五慾樂)은 1.식욕(食慾) 2.색욕(色慾) 3.수면욕(睡眠慾) 4.재물욕(財物慾) 5.명예욕(名譽慾)을 말한다.〉

돌 차 로 지　　색 변 작 모
咄嗟老至면　色變作耄라

소 시 여 의　　노 견 도 자
少時如意나　老見蹈藉이니라.

풀이 ▸▸▸ 잠깐 사이 젊음이 지나가 버리면 고운 얼굴 변하여 늙은 얼굴 된다. 젊을 땐 모두가 내 뜻대로 되었지만, 늙으면 마음대로 되는 게 없다.

주해 ▸▸▸ 咄嗟(돌차): 잠깐 사이, 눈 깜박할 사이. ∙ 耄(모): 80~90세 늙은이, 노쇠하다. ∙ 蹈藉(도자): 짓밟힘, 뜻대로 되지 않음.

수 수 백 세　　　역 사 과 거
雖壽百歲라도　亦死過去라

　위 노 소 염　　　병 조 지 제
　爲老所厭하고　病條至際니라.

풀이 ▸▸▸ 비록 백 살을 산다 해도 죽으면 역시 과거사가 되는 것을, 늙음은 사람들이 싫어하는 것, 여러 가지 병마저 이르게 된다.

시 일 이 과   명 즉 수 감
是日已過면 命則隨減이라

여 소 수 어   사 유 하 락
如少水魚하니 斯有何樂이리오.

풀이 ▶▶▶ 오늘 하루가 지나가면 목숨 또한 그만큼 줄어들게 되는 것을
얕은 물웅덩이 속 물고기같이 그곳에 무슨 즐거움이 있겠는가?

주해 ▶▶▶ 已過(이과): 이미 지나가다. • 隨減(수감): 따라서 줄어든다. • 少水
(소수): 물이 조금 고인 물웅덩이. • 斯有(사유): 이와 같은 인생.

노 즉 색 쇠 　　소 병 자 괴
老則色衰하고 所病自壞하여

형 패 부 후 　　명 종 자 연
形敗腐朽하나니 命終自然이니라.

풀이 ▶▶▶ 늙으면 몸은 쇠퇴하고 병들어 스스로 무너진다. 형체가 무너
져 썩어 버리면 목숨은 자연히 끝나 버린다.

주해 ▶▶▶ 色(색): 우리의 몸. • 腐朽(부후): 썩어 버리다. • 命終(명종): 생명
이 끝나다.

시 신 하 용 　　항 루 취 처 　　위 병 소 인 　　유 노 사 환
是身何用고 恒漏臭處니라 爲病所困하여 有老死患이니라.

풀이 ▶▶▶ 이 몸 무엇에 쓸꼬? 항상 악취가 새어 나오는 가죽포대네. 병
들어 쓸모없는바 되니, 늙고 죽음의 근심이 있을 뿐일세.

주해 ▶▶▶ 恒漏(항루): 항상 새어나오다. • 爲病所困(위병소인): 병으로 말미암아.

기 욕 자 자 　　비 법 시 증
嗜欲自恣하면 非法是增이라

불 견 문 변 　　수 명 무 상
不見聞變인가 壽命無常이니라.

풀이 ▶▶▶ 욕심을 부려서 스스로 방자하면 불법 아님을 익힐 뿐이다. 변
하는 것, 보고 듣고 못 하는가? 수명이란 바로 덧없는 것이로다.

주해 ▶▶▶ 非法(비법): 부처님의 가르침이 아닌 법. • 變(변): 생사가 걸려 있는
변화무쌍한 부처님의 법.

비 유 자 시　　　역 비 부 형　　　위 사 소 박　　　무 친 가 호
非有子恃하며 亦非父兄이니 爲死所迫이면 無親可怙니라.

풀이 ▶▶▶ 아들이 있어도 믿지 말고 아버지와 형이 있어도 믿지를 말아
라. 죽음의 핍박이 다가오면 가까움도 믿을 것이 못 되느니라.

주해 ▶▶▶ 爲死所迫(위사소박): 죽음이 임박함.

주 야 만 타　　　노 불 지 음
晝夜慢惰하고 老不止淫하고

유 재 불 시　　　불 수 불 언
有財不施하며 不受佛言하여라.

유 차 사 폐　　　위 자 침 기
有此四弊면 爲自侵欺니

풀이 ▶▶▶ 밤낮으로 게으름을 피우고, 늙어도 음란한 짓을 그치지 않고,
재산이 있어도 베풀지 않으며, 부처님의 말씀을 받지 않는, 이 네 가지
나쁜 짓 있으면, 스스로를 속이며 사는 것이다.

주해 ▶▶▶ 有財不施(유재불시): 재산이 있어도 베풀지 않음. • 不受佛言(불수
불언): 부처님 말씀을 받들지 않음. • 爲自侵欺(위자침기): 스스로 자기를 기만
하는 죄를 범하는 것.

비 공 비 해 중　　　비 입 산 석 간
非空非海中이오 非入山石間이니

무 유 지 방 소　　　탈 지 불 수 사
無有地方所에 脫之不受死니라.

허공도 아니고 바닷속도 아니어라. 산 속에 들어가 바위 뒤에 숨는 것도 아니어라. 이 세상 땅 위에는 이름 벗어나 죽음을 받지 않고 벗어날 곳 아무 데도 없느니라.

시 무 시 오 작　　당 작 령 치 시
是務是吾作이니 當作令致是하리라

인 위 차 조 요　　이 천 노 사 우
人爲此躁擾면 履踐老死憂이니라.

풀이 ▶▶▶ "해탈에 힘쓰는 것은 내가 할 바이니, 마땅히 힘써서 이를 이뤄야 한다." 사람들은 이렇게 소란을 피우면서, 늙고 죽는 근심만 하며 살아간다.

주해 ▶▶▶ 令致是(영치서): 이것에 이르게 함. 곧, 성취시킴. • 躁擾(조요): 시끄럽게 떠들어 댐. • 履踐(이천): 밟다.

지 차 능 자 정　　여 시 견 생 진
知此能自淨하면 如是見生盡이라

비 구 염 마 병　　종 생 사 득 도
比丘厭魔兵하여 從生死得度니라.

풀이 ▶▶▶ 이 도리 알면 스스로 마음 밝혀, 이와 같은 한평생을 살아 보아라. 비구는 악마의 유혹에 물들지 않고, 생사를 뛰어넘는 도를 얻게 되리라.

주해 ▶▶▶ 知此(지차): 생사를 해탈하는 도리를 안다. • 如是見(여시견): 생사 해탈을 위한 견해. • 厭魔兵(염마병): 마귀를 싫어한다.

教學品

교학품

항상 마음에 새겨 제 욕심을 없애라

이 교학품(教學品)은 사람들을 바른 길로 인도하여
선한 길로 들어가게 하기 위한 수행의 필요성과 방법을 설한 장이다.

교 학 품 자　　도 이 소 행　　　석 기 우 암　　　득 견 도 명
教學品者는 導以所行하여 釋己愚闇하여 得見道明이니라.

풀이 ▶▶▶　교학품(教學品)이란 행동하는 바대로 인도하여 어리석고 우둔
함을 깨우쳐 불도의 밝은 도리를 보게 함이라.

돌 재 하 위 매　옹 라 방 두 류　은 폐 이 부 정　미 혹 계 위 신
咄哉何爲寐 蜎螺蚌蠹類 隱弊以不淨 迷惑計爲身

풀이 ▶▶▶　이상하다, 무엇 때문에 잠만 자는가? 벌과 소라와 조개와 좀은
자기 더러움을 덮어 숨기고서, 미혹한 그것을 제 몸이라 생각하네.
주해 ▶▶▶　蜎(옹): 나나니벌. •螺(라): 소라. •蚌(방) ; 방합, 민물조개. •蠹
(두): 좀나무 두.

18

언유피작창   심여영질통
焉有被斫創이라만 心如嬰疾痛이라

구우중액난   이반위용면
遘于衆厄難이라도 而反爲用眠이니라.

풀이 ▶▶▶ 어찌 찍히는 상처를 입음이 있으랴만 마음이 마치 병에 걸릴
듯 아파서 갖가지 재액과 어려움을 만나도 도리어 잠만 자고 있다.

주해 ▶▶▶ 被斫創(피작창): 무엇에 찍히는 상처를 입음.

사이불방일   위인학인적
思而不放逸하고 爲仁學仁迹이면

종시무유우   상념자멸의
從是無有憂니 常念自滅意하라.

풀이 ▶▶▶ 깊이 생각해 방일한 생활에 빠지지 말고, 자비를 행하고 자비
를 배우면, 이로 말미암아 근심 걱정이 없어지니, 항상 마음에 새겨 제
욕심을 없애라.

주해 ▶▶▶ 自滅意(자멸의): 자신의 욕망을 없앰.

정견학무증   시위세간명
正見學務增하면 是爲世間明이니

소생복천배   종불타악도
所生福千倍하고 終不墮惡道니라.

풀이 ▶▶▶ 바른 견해 공부하여 더욱 힘쓰면 이것이 온 세상의 밝음이 된다.
여기에서 복은 천 배나 더 생기고 마침내 나쁜 길에 떨어지지 않는다.

막 역 소 도　　이 신 사 견
莫學小道하여 以信邪見하고

막 습 방 탕　　영 증 욕 의
莫習放蕩하여 令增欲意하라.

풀이 ▶▶▶ 잘못된 것을 배우고 익혀 그로써 삿된 견해 믿지를 말고, 방탕한 생활을 익혀 그로써 탐욕을 더하지 말라.

주해 ▶▶▶ 小道(소도): 정도(正道)가 아닌 사도(邪道), 진리가 아닌 학문. • 欲意(욕의): 삿된 오욕락(五慾樂)의 생각.

선 수 법 행　　학 송 막 범
善修法行하여 學誦莫犯하라

행 도 무 우　　세 세 상 안
行道無憂하며 世世常安하리라.

풀이 ▶▶▶ 부처님 법 잘 닦고 행하여, 배우고 익히며 어기지 말라. 도를 행하면 근심이 없어, 평생토록 항상 안락하리라.

주해 ▶▶▶ 善修(선수): 불법을 잘 닦음. • 法行(법행): 부처님의 가르침에 맞는 행동. • 行道(행도): 부처님의 도를 실천함. • 世世(세세): 현세에도 내세에도, 곧 평생 동안.

민 학 섭 신　　상 신 사 언
憨學攝身하고 常愼思言하면

시 도 불 사　　행 멸 득 안
是到不死니 行滅得安하니라.

풀이 ▶▶▶ 부처님의 가르침을 정성스럽게 배워서 몸가짐을 잘하며, 항상
생각과 말을 삼가면 불사(열반)에 이르는 것이니 악행이 멸하여 편안함
을 얻는다.

주해 ▶▶▶ 不死(불사): 열반, 열반에 드는 길은 불사문(不死門).

21

비 무 물 학　　시 무 의 행
非務勿學하고 是務宜行하라

이 지 가 념　　즉 루 득 멸
已知可念이면 則漏得滅이라.

풀이 ▶▶▶ 권장할 만한 것이 아니면 배우지 말라. 권하는 것부터 마땅히
행해야 한다. 이미 생각해야 할 것을 안다면 모든 번뇌가 사라지게 되
리라.

주해 ▶▶▶ 可念(가념): 생각해야 할 것임, 부처님의 가르침을 신봉하여 열반에
도달하는 것임. •漏(루): 번뇌.

견 법 이 신　　부 도 선 방
見法利身이면 夫到善方하고

지 리 건 행　　시 위 현 명
知利健行이면 是謂賢明이라.

풀이 ▶▶▶ 법(法)을 보아 내 몸을 이롭게 하면 좋은 곳에 이르게 되고, 이
로움 알아 건전하게 행신하면 이것을 일컬어 현명하다고 말한다.

주해 ▶▶▶ 見法(견법): 이로운 법을 안다. •法(법): 부처님의 가르침. •健行(건
행): 씩씩하게 행동한다.

기 각 의 자　　학 멸 이 고
起覺義者는 學滅以固하고

착 멸 자 자　　손 이 불 흥
着滅自恣하면 損而不興이니라.

풀이 ▶▶▶ 깨달음을 얻어 진리를 깨친 자는 배울 것 없어져서 단단해지고, 집착할 것이 사라졌다고 스스로 방자하면 손해만 있고 일어나지 못하리라.

주해 ▶▶▶ 義(의): 바른 도리, 이치. • 學滅(학멸): 배울 것을 멸하였음, 배울 것이 없음. • 着滅(착멸): 집착을 멸하다.

시 향 이 강　　시 학 득 중
是向以强하며 是學得中이면

종 시 해 의　　의 억 념 행
從是解義니 宜憶念行하라.

풀이 ▶▶▶ 옳은 길로 나아가되 굳세게 나아가고, 옳은 것을 배워서 중도(中道)를 얻으면, 그로부터 도를 깨닫게 되나니, 부디 그와 같이 행할 것을 생각하여라.

학 선 단 모　　솔 군 이 신
學先斷母하고 率君二臣면

폐 제 영 종　　시 상 도 인
廢諸營從하여 是上道人너라.

풀이 ▶▶▶ 배움은(불도를 닦으려면) 먼저 어머니를 끊고 임금으로서 두 신하를 거느려 여러 종자를 모두 떼어 버리면 이는 제일가는 도인이다.

주해 ▶▶▶ 營從(영종): 종자(종자)를 말함. • 道人(도인): 도가 높은 사람.

학 무 붕 류　　　　불 득 선 우
學無朋類하여　不得善友면

영 독 수 선　　　　불 여 우 해
寧獨守善하여　不與愚偕니라.

풀이 ▸▸▸　공부할 때 많은 친구를 두지 말라. 좋은 친구 얻지 못하거든 차라리 홀로 선을 지켜, 어리석은 벗과 함께 하지 말라.

낙 계 학 행　　　　해 용 건 위
樂戒學行에　奚用件爲리오

독 선 무 우　　　　여 공 야 상
獨善無憂면　如空野象이니라.

풀이 ▸▸▸　계율을 즐기고 학문을 배움에 어찌 짝을 필요로 하리! 혼자서라도 선을 행해 근심이 없으면, 저 빈 들판의 코끼리와 같도다.

주해 ▸▸▸　樂戒(낙계): 계율을 즐겨 지킴. • 空野(공야): 넓은 들판, 텅 빈 들판.

계 문 구 선　　　이 자 숙 현　　　방 계 칭 문　　　의 체 거 행
戒聞俱善이나　二者孰賢고　方戒稱聞이니　宜諦擧行하라.

풀이 ▸▸▸　계율을 지키는 것과 많이 듣는 것 모두 다 좋은 일이지만, 이 두 가지 중 어느 것을 행함이 더 현명한가? 계율과 듣는 것은 다 같이 중요하니, 마땅히 성실하게 배우고 행하라.

주해 ▸▸▸　戒聞(계문): 계율을 지키는 일과 학문을 듣는 일. • 二者(이자): 이두 가지, 즉 계율 지킴과 학문을 듣는 일. • 稱(칭): 서로 같다. • 諦(체): 진실.

학 선 호 계　　　개 폐 필 고　　　시 이 무 수　　　능 행 물 와
學先護戒하며 開閉必固하며 施而無受하고 仂行勿臥하다.

풀이 ▶▶▶ 공부는 먼저 계율을 지켜서, 열고 닫음을 반드시 굳게 하라. 항상 베풀고서 받지 말고, 힘써 행하고서 눕지(쉬지) 말라.

주해 ▶▶▶ 學先(학선): 가장 먼저 할 공부. • 開閉(개폐): 계율을 지킬 때, 융통성 있게 지킬 일을 지키고 고칠 일은 고치는 것, 마음가짐과 몸가짐. • 臥(와): 눕다, 쉬다.

약 인 수 백 세　　　사 학 지 불 선
若人壽百歲라도 邪學志不善이면

불 여 생 일 생　　　정 진 수 정 법
不如生一日이나 精進受正法이니라.

풀이 ▶▶▶ 혹 사람이 백 살을 산다 해도 사악함을 배워 선함에 뜻을 두지 않는다면, 옳게 하루를 사는 것만도 못하니, 정진하여 정법(正法)을 받는 것만 못하리라.

주해 ▶▶▶ 邪學(사학): 삿된 학문. • 正法(정법): 부처님의 교법(教法).

약 인 수 백 세　　　봉 화 수 이 술
若人壽百歲라도 奉火修異術하면

불 여 수 유 경　　　사 계 자 복 칭
不如須臾頃이나 事戒者福稱이니라.

풀이 ▶▶▶ 혹 사람이 백 년을 살지라도 불을 받들어 이술(異術)을 닦는다면, 그것은 잠깐 동안이나마 계율을 섬기는 자의 복을 일컬음만 못하다.

주해 ▶▶▶ 異術(이술): 정상이 아닌 남다른 방술(방술). 불을 신화하여 숭배하는 바라문교, 조로아스터교 등을 가리킴. • 須臾(수유): 잠깐.

능 행 설 지 가　　불 능 물 공 어
能行說之可하고 不能勿空語하라

허 위 무 성 신　　지 자 소 병 기
虛僞無誠信은 智者所屛棄니라.

풀이 ▶▶▶ 능히 행할 수 있는 것을 한다 말하고, 행할 수 없는 것에 빈말을 하지 말라. 허위를 꾸며 성실한 믿음이 없는 것은 지혜로운 사람이 물리치고 버리는 것이다.

주해 ▶▶▶ 空語(공어): 빈 말. • 誠信(성신): 믿음과 성실함. • 屛棄(병기): 가리어 막고 버리는 것.

학 당 선 구 해　　관 찰 별 시 비
學當先求解니 觀察別是非하라

수 제 응 회 피　　혜 연 불 복 혹
受諦應誨彼니 慧然不復惑이니다.

풀이 ▶▶▶ 배움을 당해서는 먼저 깨달음을 구해야 하니, 보고 살펴서 옳고 그름을 분별하라. 바른 이치 알았으면 응당 남을 가르치면서 지혜로이 다시는 미혹에 빠지지 말라.

주해 ▶▶▶ 誨彼(회피): 남을 가르치다. • 慧然(혜연): 슬기롭다면, 지혜롭다면, 슬기로운 모습. • 不復(불복): 빠지지 않다.

피 발 학 사 도　　초 의 내 탐 탁
被髮學邪道하며 草衣內貪濁하면

몽 몽 불 식 진　　여 농 청 오 음
曚曚不識眞하여 如聾聽五音이니라.

풀이 ▶▶▶　머리를 풀어헤쳐 사악한 도를 배우고, 풀옷을 입고 마음속은
탐내고 흐리면 어두워서 바른 도리를 알지 못하여 귀머거리가 오음을
들음과 같다.

주해 ▶▶▶　被髮(피발): 머리를 풀어헤침, 정상이 아닌 몸차림, 이민족. • 草衣
(초의): 속세를 떠나 숨어사는 사람의 의복. • 五音(오음): 음률의 다섯 가지.
宮商角徵羽(궁상각치우)

학 능 사 삼 악　　이 약 소 중 독
學能捨三惡은 以藥消衆毒하고

건 부 도 생 사　　여 사 탈 고 피
健夫度生死는 如蛇脫故皮니라.

풀이 ▶▶▶　배움으로써 능히 세 가지 악함을 버리는 것은 악으로써 여러
가지 독을 소멸하는 것과 같고, 씩씩한 사나이가 생사를 초월하는 것
이 마치 뱀이 묵은 껍질을 벗는 것과 같도다.

주해 ▶▶▶　三惡(삼악): 삼악도(지옥. 아귀. 축생)에 떨어질 악행. • 健夫(건부):
바른 공부를 하여 도통한 사람. • 度生死(도생사): 일체의 번뇌를 끊고 생사를
초월함, 해탈의 경지. • 故皮(고피): 허물.

학 이 다 문   지 계 불 실
學而多聞하고 持戒不失하면

양 세 견 예   소 원 자 득
兩世見譽하며 所願自得이라.

풀이 ▸▸▸ 배워서 들은 것이 많고 계율을 지켜 잃지 않으면 이승과 저승
에서 칭찬을 받고 원하는 바를 얻게 된다.

주해 ▸▸▸ 兩世(양세): 두 세상, 곧 이승과 저승.

학 이 과 문   지 계 불 완
學而寡聞하며 持戒不完이면

양 세 수 통   상 기 본 원
兩世受痛하고 喪其本願이니라.

풀이 ▸▸▸ 배움을 게을리하고 법문을 듣지 않고 계율을 완전히 지키지 않
으면 이승과 저승에서 고통을 받고 본래의 원하던 것을 잃게 되느니라.

주해 ▸▸▸ 寡聞(과문): 부처님의 법문을 잘 듣지 않음. • 本願(본원): 과거 또는
이전에 세운 본래의 서원.

부 학 유 이   상 친 다 문
夫學有二하니 常親多聞하며

안 제 해 의   수 곤 불 사
安諦解義하면 雖困不邪니라.

풀이 ▸▸▸ 대체로 공부에는 두 가지가 있으니 항상 많이 듣는 이와 친하
고 바른 도리를 깨달아 진리에 안주하면 비록 곤란하더라도 사악한 마

음을 품지 않는다.

제 패 해 화 　 다 욕 방 학
稊稗害禾하며 多欲妨學이니

운 제 중 악 　 성 수 필 다
耘除眾惡하면 成收必多니라.

풀이 ▶▶▶ 피와 잡초가 벼를 해치듯 많은 욕심은 배움을 방해하니, 온갖 악함을 김매어 없애 버리면 수확은 반드시 많아지리라.

주해 ▶▶▶ 妨學(방학): 배우는 것을 방해하다. • 耘除(운제): 김을 매듯 악을 제거하다. • 收必多(수필다): 반드시 많은 것을 거두다.

여 이 후 언 　 사 불 강 량
慮而後言하며 辭不强梁이니라

법 설 의 설 　 언 이 막 위
法說義說하되 言而莫違니라.

풀이 ▶▶▶ 깊이 생각한 다음에 말을 하며, 말은 항상 거칠지 않아야 한다. 법(法)을 말하고 이치를 말하되, 말한 것은 행하여 어긋남이 없어야 한다.

주해 ▶▶▶ 强梁(강량): 강하고 굳셈, 말씨가 거칠어서 온순치 못함. • 義說(의설): 이치를 설함, 불법의 진실한 도를 설함. • 莫違(막위): 어긋나지 말아야 한다, 즉 같아야 한다.

선 학 무 범　　　외 법 효 기
善學無犯하고　畏法曉忌하며

견 미 지 자　　　계 무 후 환
見微知者는　誠無後患이니라.

풀이 ▶▶▶　잘 배워 범함이 없고 법(法)을 두려워하여 삼갈 줄 알며, 진실
을 볼 줄 아는 지혜 있는 사람은 항상 경계하여 뒷날 근심이 없다.

주해 ▶▶▶　無犯(무범): 계율을 범하지 않음. • 曉忌(효기): 삼갈 줄 알다. • 後患
(후환): 뒷날에 생기는 걱정과 근심.

원 사 죄 복　　　무 성 범 행
遠捨罪福하고　務成梵行하여

종 신 자 섭　　　시 명 선 학
終身自攝이면　是名善學이니라.

풀이 ▶▶▶　죄도 복도 다 멀리 버리고 힘써 범행(梵行)을 이루어 몸에 다하
도록 스스로 지켜 나가면 이를 일컬어 공부라 한다.

주해 ▶▶▶　務成(무성): 힘써 일을 이루다. • 梵行(범행): 탐욕을 끊는 맑고 깨끗
한 행실. • 自攝(자섭): 스스로 다스리고 지켜 나감.

多聞品

다문품

열심히 정진하면 지혜가 밝아져서 올바르게 깨닫게 된다

좋은 말씀과 부처님의 바른 설법을 많이 듣고 이것을 가슴속에 깊이 새겨,
열심히 정진하면 지혜가 밝아져서 올바르게 깨닫게 된다.

다 문 품 자　　역 권 문 학　　　적 문 성 성　　　자 치 정 각
多聞品者는 亦勸聞學하며 積聞成聖하고 自致正覺이니라.

풀이 ▶▶▶ 　다문품(多聞品)이란 또한 들어서 배우기를 권하며, 많이 들은
바를 익혀 성인이 되고 올바른 깨달음을 이루는 것이다.

주해 ▶▶▶ 　積聞(적문): 들은 바를 익힘. • 成聖(성성): 성인이 되다.

다 문 능 지 고　　　봉 법 위 원 장
多聞能持固하고 奉法爲垣牆하라

정 진 난 유 훼　　　종 시 계 혜 성
精進難踰毁니 從是戒慧成이니라.

풀이 ▶▶▶ 　많이 들어서 마음에 굳게 간직하고 법을 받들어서 담장을 삼

아야 한다. 부지런한 노력은 허물어지지 않나니, 이에 따라 계율과 지
혜가 이루어지니라.

주해 ▸▸▸　持固(지고): 마음에 굳게 간직함. ∙精進(정진): 부지런히 힘써 앞으
로 나아가는 것.

　다 문 영 지 명　　　이 명 지 혜 증
　多聞令志明하고 已明智慧增이라

　지 즉 박 해 의　　　견 의 행 법 안
　智則博解義하고 見義行法安이니라.

풀이 ▸▸▸　많이 들음은 사람의 뜻을 밝게 하고 뜻이 밝으면 지혜가 불어
난다. 지혜로우면 널리 이치를 알게 되고 이치를 알면 법 행함이 쉬워
진다.

주해 ▸▸▸　志明(지명): 뜻을 밝게 해줌. ∙行法安(행법안): 법을 행하는 것이 편안함.

　다 문 능 제 우　　　능 이 정 위 환
　多聞能除憂하며 能以定爲歡하며

　선 법 감 로 법　　　자 치 득 니 원
　善說甘露法하면 自致得泥洹이니라.

풀이 ▸▸▸　많이 들으면 능히 근심을 없애서 선정(禪定)으로써 기쁨을 삼
으며, 감로법을 잘 설명하면 스스로 열반을 얻게 된다.

주해 ▸▸▸　甘露法(감로법): 부처님의 교법, 중생의 몸과 마음을 기른 것을 단
이슬에 비유한 말. ∙泥洹(니원): 열반.

문 위 지 법 률 　　해 의 역 견 정
聞爲知法律하며 解疑亦見正이라

종 문 사 비 법 　　행 도 불 사 처
從聞捨非法하면 行到不死處니라.

풀이 ▶▶▶ 많이 들음으로써 법과 율을 알게 되고, 모든 의심 풀고 바른
견해 얻게 된다. 들은 대로 옳지 못한 법 버리고 죽음이 없는 곳에 이르
게 된다.

주해 ▶▶▶ 法律(법률): 불법(佛法)과 계율(戒律). • 解疑(해의): 의혹과 의심을
풀고 해탈함. • 見正(견정): 불교에 대한 바른 견해.

위 능 사 현 도 　　해 의 영 학 명
爲能師現道하고 解疑令學明하며

역 흥 청 정 본 　　능 본 지 법 장
亦興淸淨本하여 能奉持法藏하라.

풀이 ▶▶▶ 스승이 되어 도(道)를 나타내고 의혹을 풀어서 학문을 밝게 하
며, 또한 청정(淸淨)한 근본을 일으켜 법장(法藏)을 받들어 간직하라.

주해 ▶▶▶ 現道(현도): 도를 밝게 나타냄. • 解疑(해의): 의심을 품음. • 淸
淨本(청정본): 악을 떠난 맑은 마음의 근본. • 法藏(법장): 부처님의 교법
(교법), 교법 안에 많은 도리가 포함되어 있음.

능 섭 위 해 의 　　해 즉 의 불 천
能攝爲解義하고 解則義不穿이라

수 법 아 법 자 　　종 시 질 득 안
受法猗法者는 從是疾得安이니라.

풀이 ▸▸▸ 흐트러진 마음을 거두어 이치를 깨닫고 이치를 깨달으면 실수하지 않는다. 법을 받들고 법을 의지하는 자는 그로 인해 빨리 편안함을 얻는다.

주해 ▸▸▸ 攝(섭): 흐트러진 마음을 거두어 모음. • 解義(해의): 이치를 깨달음. • 不穿(불천): 억지로 의를 해치지 않음.

약 다 소 유 문　　　자 대 이 교 인
若多少有聞하여　自大以憍人이면

시 여 맹 집 촉　　　조 피 불 자 명
是如盲執燭하며　炤彼不自明이니라.

풀이 ▸▸▸ 만약 다소 들은 것이 있다 하여 스스로 큰 체하고 남에게 교만하면 이는 마치 소경이 촛불을 잡아서 비추어도 타인은 밝아도 자기는 밝지 못함과 같다.

주해 ▸▸▸ 多少(다소): 약간. • 自大(자대): 스스로 자신을 크다 함. • 自明(자명): 자신이 밝다.

부 구 작 위 재　　　존 귀 승 천 복
夫求爵位財하여　尊貴升天福이라도

변 혜 세 간 한　　　사 문 위 제 일
辯慧世間悍이면　斯聞爲第一이니라.

풀이 ▸▸▸ 무릇 벼슬과 지위와 재물을 구하여 높고 귀히 됨이 천복에 오를지라도 사물을 분별하는 지혜가 세상에서 뛰어나는 이가 있거든 이를 들음이 첫째가 된다.

제 왕 빙 예 문　　천 상 천 역 연
帝王聘禮聞하고 天上天亦然이라

문 위 제 일 장　　최 부 여 력 강
聞爲第一藏하며 最富旅力强이니라.

풀이 ▶▶▶ 제왕(帝王)도 부처님 법을 예로써 맞이해 듣고 하늘 위의 하늘
도 또한 그러하도다. 듣는 것을 으뜸가는 법장(法藏)으로 삼으면 한량
없는 부(富)와 힘이 생긴다.

주해 ▶▶▶ 天上天(천상천): 하늘 위의 하늘. • 亦然(역연): 역시 그러하다. • 藏
(장): 불교의 경전.

지 자 위 문 굴　　호 도 자 역 락
智者爲聞屈하고 好道者亦樂이라

왕 자 진 심 사　　수 석 범 역 연
王者盡心事하며 雖釋梵亦然이니라.

풀이 ▶▶▶ 지혜로운 자는 설법을 듣고 긍정하고 도를 좋아하는 자는 또
한 즐거워하며, 왕도 마음을 다하여 섬기나니 비록 제석과 범천도 또
한 그러하니라.

주해 ▶▶▶ 聞屈(문굴): 법문을 듣고 굴복한다. • 盡心事(진심사): 마음을 다하
여 종사함. • 釋梵(석범): 석은 제석으로 도리천의 주인, 범천왕(梵天王)과 더
불어 불법을 지키는 신, 梵(범) 은 범천왕, 우주 만물의 창조신으로서 사바세
계를 주재함.

선 인 상 경 문　　항 귀 거 부 인
仙人常敬聞하며 況貴巨富人이랴

시 이 혜 위 귀　　가 례 무 과 시
是以慧爲貴하니 可禮無過是니라.

풀이 ▶▶▶ 선인(仙人)도 늘 공경하며 듣거늘, 하물며 존귀한 이나 부유한
사람이랴. 이런 까닭에 지혜를 귀히 여기니 예배(禮拜)할 것이 이보다
도 더 귀한 것은 없도다.

주해 ▶▶▶ 仙人(선인): 신선. • 慧爲貴(혜위귀): 지혜를 귀하게 여김. • 可禮(가
례): 예배할 만한 것.

사 일 위 명 고　　사 부 위 은 고
事日爲明故하고 事父爲恩故하며

사 군 이 력 고　　문 고 사 도 인
事君以力故하고 聞故事道人이니라.

풀이 ▶▶▶ 해를 섬김은 밝음 때문이고, 어버이를 섬김은 은혜 때문이며,
임금 섬김은 힘 때문이다. 많이 듣는 까닭은 도인을 섬김 때문이다.

주해 ▶▶▶ 事日(사일): 해를 섬김. • 力故(역고): 힘과 권위 때문이다. • 道人(도
인): 도가 높은 사람.

인 위 명 사 의　　욕 승 의 호 강
人爲命事醫하고 欲勝依豪强이라

법 재 지 혜 처　　복 행 세 세 명
法在智慧處하고 福行世世明이니라.

풀이 ▶▶▶ 사람들은 목숨을 위해 의원을 섬기고, 남에게 이기고자 강한 권력자에 의지한다. 그러나 정법은 지혜 있는 곳에 있으니, 복이 행해지면 대대로 세상이 밝게 된다.

주해 ▶▶▶ 命事醫(명사의): 목숨을 위하여 의사를 섬긴다. • 豪强(호강): 남보다 뛰어나고 강력한 권력자.

찰 우 재 위 모　　별 반 재 급 시
察友在爲謀하고 別伴在急時이며

관 처 재 방 락　　욕 지 지 재 설
觀妻在房樂하고 欲知智在說이니라.

풀이 ▶▶▶ 벗을 찾는 것은 일을 도모함에 있고 친구와 헤어짐은 위급한 때에 있으며, 아내를 보는 것은 방사(房事)의 즐거움에 있고 지혜를 알고자 하면 설법하는 데 있다.

주해 ▶▶▶ 察友(찰우): 벗을 살피고 찾음. • 別伴(별반): 동반자(同伴者)와 이별(離別)함. • 房樂(방락): 방사(房事)의 즐거움.

문 위 금 세 이　　처 자 곤 제 우
聞爲今世利하고 妻子昆弟友도

역 치 후 세 복　　적 문 성 성 지
亦致後世福하나니 積聞成聖智하라.

풀이 ▶▶▶ 듣는 것은 현세의 이익이 되나니 처자와 형제와 벗이 따르고 또한 후세의 복도 얻나니, '들음'을 쌓으면 성인의 지혜를 이루리.

주해 ▶▶▶ 昆弟(곤제): 형제. • 亦致(역치): 역시 따른다.

시 능 산 우 에　　역 제 불 상 쇠
是能散憂恚하며 亦除不祥衰라

욕 득 안 온 길　　당 사 다 문 자
欲得安穩吉하면 當事多聞者니라.

풀이 ▸▸▸　이는 능히 근심과 성냄을 흩어 버리고 또한 재앙과 쇠함을 없
애나니 안온한 것을 얻고자 하거든 마땅히 많이 들은 자를 섬겨야 한다.

주해 ▸▸▸　憂恚(우에): 근심과 성냄. • 安穩(안온): 조용하고 편안함. • 多聞者
(다문자): 많이 들은 사람.

작 창 무 과 우　　사 전 무 과 우
斫創無過憂하고 射箭無過愚이라

시 장 막 능 발　　유 종 다 문 제
是壯莫能拔이나 唯從多聞除니라.

풀이 ▸▸▸　이도끼로 찍히는 것보다 근심이 더 아프고, 화살로 쏘임보다
어리석음이 더 아프다. 그것은 비록 군세어 능히 뽑지 못하지만 오직
많이 들음으로써 없앨 수 있다.

맹 종 시 득 안　　암 자 종 득 촉
盲從是得眼하고 闇者從得燭하며

역 도 세 간 인　　여 목 장 무 목
亦導世間人하니 如目將無目이니라.

풀이 ▶▶▶　소경은 이것을 좇아 눈을 얻고, 어두움이 이것을 좇아 촛불을
얻으며, 또한 세상 사람을 인도하나니, 마치 눈 있는 자가 눈 없는 자를
이끄는 것과 같다.

시 고 가 사 치　　이 만 호 부 락
是故可捨癡하고 離慢豪富樂하며

무 학 사 문 자　　시 명 적 취 덕
務學事聞者를 是名積聚德이니라.

풀이 ▶▶▶　그러므로 어리석음을 버리고, 교만과 권세와 부자의 향락을
떠나 오직 배움에 힘써 '들은 이'를 섬기면 이것을 일컬어 '덕을 쌓는
다' 하니라.

주해 ▶▶▶　癡(치): 어리석음. •慢豪(만호): 교만과 권세. •富樂(부락): 부가 누
리는 향락. •聚德(취덕): 덕을 쌓는다.

篤信品

독신품

'믿음'이 도(道)를 이루는 근본이다

'믿음'이 도(道)를 이루는 근본임과 동시에,
또한 도(道)가 추구하는 궁극적 결과임을 밝히고 있다.

독 신 품 자　　입 도 지 근 과　　어 인 정 견　　　행 불 회 고
篤信品者는 立道之根果라 於因正見이면 行不回顧니라.

풀이 ▸▸▸ 독신품(篤信品)이란 도를 세우는 뿌리와 열매이다. 인(因)을 바
로 보면 후회스럽지 않은 일을 하리라.

주해 ▸▸▸ 根果(근과): 뿌리와 열매. 根(근)은 한 작용을 일으키는 힘, 果(과)는
원인에 대한 결과. • 因(인): 원인.

신 참 계 의 재　　시 법 아 사 예
信慚戒意財는 是法雅士譽니라

사 도 명 지 설　　여 시 승 천 세
斯道明智說하니 如是昇天世니라.

풀이 ▶▶▶ 믿음과 부끄러움 계율과 생각과 재산, 이것은 법아사(法雅士: 법을 닦는 높은 선비)의 명예이다. 이 도를 지혜로운 사람이 밝히나니, 이 같이 한다면 하늘 세상에 올라가리라.

주해 ▶▶▶ 法雅士(법아사): 법을 닦는 높은 선비. • 明智(명지): 부처님의 밝은 지혜.

우 불 수 천 행 　　여 불 예 보 시
愚不修天行하고 亦不譽布施니라

신 시 조 선 자 　　종 시 도 피 안
信施助善者는 從是到彼岸이니라.

풀이 ▶▶▶ 어리석은 사람은 천행(天行)을 닦지 않고, 또한 보시하기를 좋아하지 않는다. 그러나 믿고 보시하며 선한 사람 돕는 자는 그로 인해 저 언덕에 오르게 되니라.

신 자 진 인 장 　　염 법 소 주 안
信者眞人長이니 念法所住安하며

근 자 의 득 상 　　지 수 수 중 현
近者意得上이라 智壽壽中賢이니라.

풀이 ▶▶▶ 믿는 사람은 진실로 사람의 어른이고, 법(法)을 생각하면 사는 곳이 편안히 있다. 그와 가까이 한 사람 뜻이 높아지니 지혜로운 사람은 수명 중에서도 으뜸이라.

주해 ▶▶▶ 長(장): 어른. • 念法(염법): 늘 법을 생각하고 법대로 사는 것. • 上(상): 위로 오름.

신 능 득 도　　　법 치 멸 도
信能得道하고　法致滅度라

종 문 득 지　　　소 도 유 명
從聞得智하며　所到有明이니라.

풀이 ▶▶▶ 믿으면 능히 도를 얻고 법은 멸도를 이룬다. 들은 것을 좇아 지혜를 얻어서 이르는 곳마다 밝음이 있다.

주해 ▶▶▶ 滅度(멸도): 일체의 번뇌를 끊어서 열반의 경지에 도달함.

신 능 도 연　　　섭 위 선 사
信能度淵하고　攝爲船師하며

정 진 제 고　　　혜 도 피 안
精進除苦하고　慧到彼岸이니라.

풀이 ▶▶▶ 믿음은 능히 연못을 건너나니 계율을 뱃사공 삼고 정진이 괴로움을 제거하면 지혜는 저 언덕에 이르게 되리라.

주해 ▶▶▶ 度淵(도연): 연못을 건너다, 인생의 고해를 건너다. • 攝(섭): 계율. • 彼岸(피안): 이승의 번뇌를 해탈하여 열반의 세계에 도달하는 일, 또는 그 경지.

사 유 신 행　　　위 성 소 예
士有信行이면　爲聖所譽하고

낙 무 위 자　　　일 체 박 해
樂無爲者는　一切縛解니라.

풀이 ▶▶▶ 선비에게 신행(信行)이 있다면, 성자(聖者)다운 명예가 있으며, 무위(無爲)를 즐기는 사람은 모든 속박에서 풀려나느니라.

신 지 여 계 　　혜 의 능 행
信之與戒를 慧意能行이면

건 부 도 에 　　종 시 탈 연
健夫度恚하여 從是脫淵이니라.

풀이 ▶▶▶ 　믿음과 계율을 지혜로운 마음으로 능히 행하면, 씩씩한 사내
가 성냄을 견디나니 이로 인해 깊은 못을 벗어난다.

신 사 계 성 　　역 수 지 혜
信使戒誠하고 亦受智慧하여

재 재 능 행 　　처 처 견 양
在在能行하며 處處見養이니라.

풀이 ▶▶▶ 　믿음은 계율을 성실히 행하게 하고 또한 지혜를 얻게 한다. 믿
음이 있는 곳마다 능히 행하면 곳곳마다 길러지도다.

주해 ▶▶▶ 　在在(재재): (믿음이) 있는 곳마다. • 處處(처처): 가는 곳마다. • 見
養(견양): 지혜가 길러짐을 볼 수 있다.

비 방 세 리 　　혜 신 위 명
比方世利면 慧信爲明이라

시 제 상 보 　　가 산 비 상
是財上寶나 家産非常이니라.

그것을 세상의 이익에 비교해 보면 지혜와 믿음이 가장 밝은 것이고, 이것이 재산 중에 으뜸가는 보배이며, 집안의 재산은 덧없는 것이로다.

주해 ▸▸▸ 比方(비방): 비교해 보건대 • 非常(비상): 덧없음, 세간의 일체 모든 것과 만상(萬象)은 생멸 변천하며, 상주함이 없는 것.

욕 견 제 진   낙 청 강 법
欲見諸眞이면 樂聽講法하라

능 사 간 구   차 지 위 신
能捨慳垢면 此之爲信이니라.

풀이 ▸▸▸ 온갖 진실을 알기 바라거든 법(法)을 듣기를 즐겨하여라. 능히 인색한 때를 버리면 이것을 일컬어 믿음이라 하니라.

주해 ▸▸▸ 諸眞(제진): 모든 진실의 도리. • 樂聽(낙청): 듣기를 즐거워하여라. • 講法(강법): 부처님 법을 강의하는 것.

신 능 도 하   기 복 난 탈
信能度河하며 其福難奪이라

능 금 지 도   야 사 문 락
能禁止盜하와 野沙門樂이라.

풀이 ▸▸▸ 믿음은 능히 강을 건너고, 그 복은 아무도 앗아가지 못한다. 능히 도둑질을 당하지도 않아 들에 있는 중들의 즐거움이 되니라.

주해 ▸▸▸ 度河(도하): 강을 건너 피안(피안)에 이르다. • 難奪(난탈): 빼앗기 어렵다. • 野沙門(야사문): 들에 있는 사문, 즉 들에 있는 불제자를 말함.

무 신 불 습   호 박 정 언
無信不習하고 好剝正言이면

여 졸 취 수   졸 천 양 니
如拙取水하여 掘泉揚泥니라.

풀이 ▶▶▶ 믿음이 없어 익히지 않고 올바른 말 헐뜯기 좋아하면, 이는 어
리석은 사람이 물을 얻으려 샘을 파서 진흙을 퍼 올림과 같도다.

주해 ▶▶▶ 不習(불습): 부처님의 배우지 아니함. • 好剝(호박): 남을 헐뜯기 좋
아함. • 正言(정언): 진리에 부합하는 바른 말.

현 부 습 지   낙 앙 청 류
賢夫習智하며 樂仰清流하니

여 선 취 수   사 영 불 요
如善取水하며 思令不擾니라.

풀이 ▶▶▶ 현명한 사람은 지혜를 익히고 흐르는 맑은 물 보듯 즐거워하
며, 물을 떠내듯 선을 취하여 생각을 흐리게 하지 않는다.

주해 ▶▶▶ 清流(청류): 맑은 흐름, 행실이 깨끗한 바른 사람들.

신 불 염 타   유 현 여 인
信不染他하고 唯賢與人이라

가 호 즉 학   비 호 즉 원
可好則學하고 非好則遠하라.

풀이 ▶▶▶ 믿음은 다른 것에 물들지 않고 오직 사람을 현명하게 한다. 좋

아할 만한 것은 배우고 좋지 않은 것은 멀리하라.

신 위 아 여　　막 지 사 재
信爲我輿하라 莫知斯載어든

여 대 상 조　　자 조 최 승
如大象調하여 自調最勝니라.

풀이 ▸▸▸ 믿음을 나의 수레로 삼아라. 이를 탈 줄을 모르거든 큰 코끼리
를 길들이는 것이 오히려 좋다.

주해 ▸▸▸ 調(조): 길들이다.

신 재 계 재　　참 괴 역 재
信財戒財요 慚愧亦財라

문 재 시 재　　혜 위 칠 재
聞財施財라 慧爲七財니라.

풀이 ▸▸▸ 믿음의 재물이고, 계율의 재물이고, 부끄러움도 재물이며, 자
책함도 재물이고, 들음도 재물이며, 베풂도 재물이고, 이에 지혜를 합
하여 일곱 가지 재물이라고 한다.

주해 ▸▸▸ 慚愧(참괴): 부끄러워하고 자책함. • 七財(칠재): 칠묘법(七妙法), 칠
법, 칠지, 칠선, 칠선법이라고 한다. 즉 지법(知法), 지의(知義), 지족(知足), 지
자(知自), 지중(知衆), 지시(知時), 지존비(知尊卑)를 말한다.

종 신 수 계　　　상 정 관 법
從信守戒하고 常淨觀法하며

혜 이 이 행　　　봉 경 불 망
慧而利行하고 奉敬不忘하라.

풀이 ▸▸▸　믿음을 따르고 계율을 지키고 항상 깨끗한 마음으로 법(法)을
보아라. 지혜로써 수행을 이롭게 행하고 가르침을 받들고 공경하게 잊
지 말아라.

주해 ▸▸▸　觀法(관법): 법을 관하다. • 利行(이행): 수행을 이롭게 한다.

생 유 차 재　　　불 문 남 여
生有此財하여 不問男女하고

종 이 불 탐　　　현 자 식 진
終以不貧이나 賢者識眞이라.

풀이 ▸▸▸　사람은 태어나면서부터 이런 재물 있으면 남녀를 불문하고,
끝내 가난하지 않으리니 현명한 사람은 진실로 이 도리 알아야 한다.

誡愼品

계신품

후회하는 일이 없도록 경계하고 삼가야 한다

사람이 걸어야 할 선의 길을 가르쳐 주며, 탐욕에 빠져서 사악하고
선하지 못한 길을 가는 것을 금하고 억제하여, 후회하는 일이 없도록 경계하고 삼가야 한다.

계 신 품 자　　수 여 선 도
誡愼品者는 授與善道하고

금 제 사 비　　후 무 소 회 야
禁制邪非하여 後無所悔也니라.

풀이 ▸▸▸　계신품(誡愼品)이란 선한 길을 가르쳐 주고 삿되고 그릇된 도
를 금하여 뒤에 후회 없도록 하라는 가르침이다.

주해 ▸▸▸　授與(수여): 가르쳐 주는 것.

인 이 상 청　　봉 률 지 종
人而常淸하며 奉律至終하여

정 수 선 행　　여 시 계 성
淨修善行하면 如是戒成이라.

풀이 ▶▶▶ 사람이 항상 청정하고 끝까지 계율을 받들어 지키며 깨끗하게 선행(善行)을 닦으면 이리하여 계율이 이루어진다.

혜 인 호 계　　복 치 삼 보
慧人護戒하며 福致三寶하고

명 문 득 리　　후 상 천 락
名聞得利하며 後上天樂이라.

풀이 ▶▶▶ 지혜로운 사람은 계율을 보호하여 복이 삼보(三寶)를 이루고 이름이 크게 알려져 이익을 얻어 뒤에 하늘에 올라 즐거움을 얻는다.

주해 ▶▶▶ 三寶(삼보): ① 불보(佛寶)로써 깨달음. ② 법보(法寶)로써 부처님의 교법에 따름. ③ 승보(僧寶)로써 수행을 뜻함. • 名聞(명문): 이름이 널리 알려지다.

상 견 법 처　　호 계 위 명
常見法處하고 護戒爲明하면

득 성 진 견　　배 중 길 상
得成眞見하여 輩中吉祥하리라.

풀이 ▶▶▶ 항상 법이 있는 곳을 보며 계를 지켜 밝음을 삼으면 진리를 볼 수 있게 되어 사람들 가운데서 상서로움을 얻으리라.

주해 ▶▶▶ 眞見(진견): 진실한 것을 보게 됨. • 輩中(배중): 사람들 가운데.

지 계 자 안　　영 신 무 뇌
持戒者安하여　令身無惱하고

야 와 염 담　　오 즉 상 환
夜臥恬淡하면　寤則常歡이라.

풀이 ▶▶▶　계를 지키는 자는 편안하여 몸에 번뇌가 없고, 밤에 자리에 들어도 마음이 고요하고 맑으며, 잠에서 깨어도 항상 즐거우니라.

주해 ▶▶▶　恬淡(염담): 마음이 고요하고 맑은 것.

수 계 보 시　　작 복 위 복
修戒布施하면　作福爲福이라

종 시 적 피　　상 도 안 처
從是適彼하며　常到安處니라.

풀이 ▶▶▶　계를 닦고 넓게 베풀면 복을 지어 복을 누리며, 마침내 피안에 이르게 되어 언제나 편안한 곳에 머물게 되느니라.

주해 ▶▶▶　彼(피): 고해의 차안(此岸)이 아니라 열반의 피안.

하 종 위 선　　　하 선 안 지　　하 위 인 보　　　하 도 불 취
何終爲善하고　何善安止며　何爲人寶하고　何盜不取니라.

풀이 ▶▶▶　무엇이 궁극적 선이며 어떤 선에 편안히 머물 것이며, 무엇이 사람을 위한 보배이며 무엇이 도둑에게 빼앗기지 않는 것인가?

계 종 노 안　　　계 선 안 자　　　혜 위 인 보　　　복 도 불 취
戒終老安하고 戒善安止니라 慧爲人寶하고 福盜不取니라.

풀이 ▶▶ 계율은 마침내 늙어서 편안케 하고 계율은 선에 편안히 머물게 하며, 지혜는 사람의 보배가 되고 복은 도둑도 훔쳐가지 못한다.

비 구 입 계　　　수 섭 제 근
比丘立戒하며 守攝諸根하고

식 지 자 절　　　오 의 영 응
食知自節하면 悟意令應이라.

풀이 ▶▶ 비구가 계율을 세워 모든 뿌리를 지키고 거두며 먹는 것을 스스로 절제할 줄 알면 이치를 깨달아 마음이 대답하게 한다.
주해 ▶▶ 比丘(비구): 불교에 귀의하여 구족계(具足戒)를 받은 남자 중. 여자 중은 비구니(比丘尼).

이 계 항 심　　　수 의 정 정
以戒降心하고 守意正定하며

내 학 정 관　　　무 망 정 지
內學正觀하여 無忘正智하라.

풀이 ▶▶ 계율로써 마음을 항복받고, 뜻을 지켜 선정(禪定)을 얻고, 안으로 바르게 관찰하기를 배워 바른 지혜를 잊지 말도록 하라.
주해 ▶▶ 定(정): 선정(禪定), 즉 참선하여 삼매경에 이름.

명 철 수 계 　　내 사 정 지
明哲守戒하고　内思正智하여

행 도 여 응 　　자 청 제 고
行道如應하면　自清除苦니라.

풀이 ▶▶▶ 밝고 지혜롭게 계율을 지키고 마음속으로 바른 지혜를 생각하
라. 행하여 도리가 이같이 이치에 맞으면 스스로 청정하여 모든 고통
은 사라지리라.

주해 ▶▶▶ 正智(정지): 바른 지혜를 말함.

견 제 제 구 　　진 만 물 생
蠲除諸垢하고　盡慢勿生하며

종 신 구 법 　　물 잠 이 성
終身求法하며　勿暫離聖하라.

풀이 ▶▶▶ 온갖 때 묻음을 모두 없애고 교만을 없애어 생기지 말게 하며
, 몸이 다하도록 법을 구하여 잠시도 성인(聖人)을 떠나지 말라.

주해 ▶▶▶ 蠲除(견제): 없애는 것. •盡慢(진만): 진도 없앤다는 뜻이니, 교만한
마음을 없애는 것.

계 정 혜 해 　　시 당 선 유
戒定慧解를　是當善惟하라

도 기 이 구 　　무 화 제 유
都已離垢하면　無禍除有니라.

풀이 ▶▶▶ 계율과 선정과 지혜와 해탈! 마땅히 이것들을 잘 생각하고 간

직하며, 온갖 더러운 마음의 때를 모두 여의면 재앙도 없고, 그 존재마저 없어지리라.

주해 ▶▶▶ 惟(유): 생각하는 것.

착 해 즉 도　　여 불 부 생
着解則度니 餘不復生이라

월 제 마 계　　여 일 청 명
越諸魔界면 如日淸明이니라.

풀이 ▶▶▶ 집착에서 해탈함이 곧 제도이니라. 그 밖에 다른 것은 생겨나지 않으니, 모든 마귀의 경계를 벗어나서 마치 저 해가 청명(淸明)한 것 같으리.

주해 ▶▶▶ 着解(착해): 집착하는 마음이 풀리는 것. 着解(착해). ·魔界(마계): 악마의 경계.

광 혹 자 자　이 상 외 피
狂惑自恣 已常外避

계 정 혜 행　구 만 물 이
戒定慧行 求滿勿離

풀이 ▶▶▶ 미치고 미혹하여 스스로 방자함을 언제나 항상 멀리 피하고, 계율과 선정과 지혜의 행이 원만하기를 구해 떠나지 말라.

지 계 청 정　　심 불 자 자
持戒清淨하며 心不自恣면

정 지 이 해　　불 도 사 부
正智已解하여 不覩邪部니라.

풀이 ▸▸▸ 계율을 지켜 청정하면 마음이 스스로 방자하지 않으며, 바른 지혜를 모든 깨달아 삿된 무리들을 엿보지 않는다.

주해 ▸▸▸ 邪部(사부): 사악한 부류들.

시 왕 길 처　　위 무 상 도
是往吉處하여 爲無上道하고

역 사 비 도　　이 제 마 계
亦捨非道하여 離諸魔界니라.

풀이 ▸▸▸ 이렇게 하면 길한 곳으로 가서 무상의 도를 행하고, 또한 도가 아닌 것을 버려서 모든 악마의 경계를 떠난다.

주해 ▸▸▸ 無上道(무상도): 다시 위가 없는 도, 곧 최고의 도. • 捨(사): 버리다.

惟念品

유념품

항상 정진(精進)해야 한다

도(道)를 구하여 해탈을 얻으려 한다면,
마음을 정돈하여 티끌보다도 더 작은 혼란마저도 없애고,
호수같이 잔잔한 마음으로 선정에 들어가 삼매의 깊은 경지를 체험하고,
부처님과 부처님의 설하신 법과 덕 높으신 스님에 의지해서 항상 정진해야 할 것이다.

유 념 품 자   수 미 지 시
惟念品者는 守微之始에

내 사 안 반   필 해 도 기
內思安般이면 必解道紀니라.

풀이 ▶▶▶ 유념품(惟念品)이란 기미(機微)를 지키는 시초로써, 안반(安般:
내쉬는 숨과 들이쉬는 숨, 선의 용어이다.)을 생각하면 반드시 도기(道紀)를
깨닫는다.

주해 ▶▶▶ 守微(수미): 참선하여 본마음을 구함.

출 입 입 식 념　　구 만 체 사 유
出息入息念을 具滿諦思惟하면

종 초 경 통 리　　안 여 불 소 설
從初竟通利하여 安如佛所說이니라.

풀이 ▶▶▶ 내쉬는 숨길과 들이 마시는 숨길의 생각을 두루 갖추어 자세히 생각하면 처음부터 끝까지 통하고 날카로워 부처님의 말씀처럼 편안하리라.

주해 ▶▶▶ 諦(체): 진실의 이치 불변의 진리. • 通利(통리): 명확하게 통달함.

시 즉 조 세 간　　여 운 해 월 현
是則炤世間이 如雲解月現이니

기 지 학 사 유　　　좌 와 불 폐 망
起止學思惟하며 坐臥不廢忘이니라.

풀이 ▶▶▶ 이것이 세상을 비추는 것은 마치 구름을 헤치고 달이 나타나는 것과 같으니, 일어나거나 멈추거나 오로지 배움만을 생각하며, 앉거나 눕거나 언제나 잊어서는 안 된다.

비 구 입 시 념　　전 리 후 즉 승
比丘立是念이면 前利後則勝하며

시 득 종 필 승　　서 불 도 생 사
始得終必勝하여 逝不覩生死니라.

풀이 ▶▶▶ 비구가 이런 생각을 일으키면 먼저도 이롭고 나중에도 훌륭하며, 처음으로 얻고 끝에도 반드시 좋으며 결코 생사에 구애받지 아니한다.

주해 ▶▶▶ 逝(서): 서(誓)와 통하여 '맹세코'의 뜻.

약 견 신 소 주   육 경 이 위 최
若見身所住면 六更以爲最니

비 구 상 일 심   경 자 지 니 원
比丘常一心이면 便自知泥洹이니라.

풀이 ▶▶▶ 만일에 이 몸이 머무는 곳을 하거든 육경(六更)이 가장 좋으니,
비구가 항상 한 마음이면 스스로 열반을 얻게 되리라.

주해 ▶▶▶ 六更(육경): 오전 다섯 시에서 일곱 시 사이. ● 泥洹(니원): 열반.

이 유 시 제 념   자 신 상 건 행
已有是諸念이면 自身常建行하라

약 기 불 여 시   종 불 득 의 행
若其不如是면 終不得意行이니라.

풀이 ▶▶▶ 이미 이와 같은 여러 가지 생각이 있으면 자신의 몸으로 항상
굳건하게 행하라. 만약 그러하지 못하면 마침내 마음 행함을 얻지 못
하리라.

주해 ▶▶▶ 常建行(상건행): 항상 소신 있게 행동하라.

시 수 본 행 자   여 시 도 애 로
是隨本行者는 如是度愛勞하니

약 능 오 의 념   지 해 일 심 락
若能悟意念이면 知解一心樂이니라.

풀이 ▶▶▶ 이 근본 도리를 따르는 사람은 이와 같이 애욕의 번뇌를 제도
할 수 있으니, 만일 능히 마음의 실상(實相)을 깨닫게 되면 한결같은 즐
거움을 알게 되리라.

주해 ▶▶▶ 愛勞(애로): 애욕의 번뇌.

응 시 등 행 법   시 도 노 사 뇌
應時等行法이면 是度老死惱니

비 구 오 의 행   당 령 응 시 념
比丘悟意行은 當令應是念이니라.

풀이 ▶▶▶ 때를 따라 한결같이 법을 행하면 그것은 곧 노사(老死)의 괴로
움을 제도하나니, 비구는 깨달아 마음으로 행하라. 마땅히 이와 같이
따라야 한다.

제 념 생 사 기   위 능 작 고 제
諸念生死棄면 爲能作苦際니

상 당 청 미 소   자 각 오 기 의
常當聽微妙하여 自覺悟其意니라.

풀이 ▶▶▶ 모든 생각에서 나고 죽음을 버리면 그것으로써 괴로움의 끝을 삼
으리라. 항상 마땅히 미묘(微妙)함을 들으면 스스로 그 뜻을 깨달으리라.

능 각 자 위 현
能覺者爲賢이니

종 시 무 소 회　　이 각 의 능 응
終始無所會하며 以覺意能應하여

일 야 무 학 행
日夜務學行이면

당 해 감 로 요　　영 제 루 득 진
當解甘露要하며 令諸漏得盡이니라.

풀이 ▶▶▶ 능히 깨달은 사람을 현명하다고 하나니, 시종(始終) 번뇌가 없고 깨달은 마음으로 능히 응하여 밤낮으로 힘써 배우고 행하니, 마땅히 감로법(甘露法)을 알아서 온갖 번뇌를 다 놓아 버린다.

주해 ▶▶▶ 漏(누): 번뇌.

부 인 득 선 리　　내 래 자 귀 불
夫人得善利면 乃來自歸佛이라

시 고 당 주 야　　상 념 부 법 중
是故當晝夜도 常念佛法衆이니라.

풀이 ▶▶▶ 대개 사람이 좋은 이익을 얻으려면 곧 스스로 와서 부처님께 귀의해야 한다. 이런 까닭에 마땅히 밤낮으로 항상 부처님과 법과 대중을 생각해야 한다.

주해 ▶▶▶ 善利(선리): 좋은 이익, 복되는 이익. • 歸佛(귀불): 부처님께 귀의함.

이 지 자 각 의   시 위 불 제 자
己知自覺意면 是爲佛弟子니

상 당 주 야 념   불 여 법 급 승
常當晝夜念하며 佛與法及僧이니라.

풀이 ▶▶▶ 이미 스스로 깨달아 뜻을 알면 이는 부처님의 제자가 되나니,
항상 마땅히 밤낮으로 부처님과 법과 대중을 생각해야 한다.

염 신 념 비 상   염 계 포 시 덕
念身念非常하고 念戒布施德하며

공 불 원 무 상   주 야 당 념 시
空不願無相을 晝夜當念是니라.

풀이 ▶▶▶ 몸을 생각하고 덧없음을 생각하고 계를 생각하고 보시와 덕을
생각하라. 공(空)과 원(願), 없음과 무상(無常)을 마땅히 주야로 항상 이
것들을 생각하라.

주해 ▶▶▶ 非常(비상): 덧없음. • 空(공): 중생이나 제법이 모두 인연으로 말미
암아 일시적으로 이루어진 것이므로 실유(實有)가 아니고 공무(空無)임을 말
함. • 무원(無願): 마음이 안정된 상태. • 無相(무상): 진여의 법성, 미(迷)의 생
각으로 인식하는 것과 같은 행상(行狀)이 없는 것.

慈仁品

자인품
마음을 편하게 가져야 한다

성인(聖人)과 대인(大人)이 남긴 위대한 덕과 발자취를 알아보고,
사람들로 하여금 이를 본받아 우리 삶의 질을 향상시키려는 것이다.

자 인 품 자　시 위 대 인　성 인 소 리　덕 보 무 량
慈仁品者는 是謂大人라 聖人所履한 德普無量이니라.

풀이 ▶▶▶ 자인품(慈仁品)이란 소위 대인과 성인이 실천한 한량없이 넓은
덕을 말한 것이다.

주해 ▶▶▶ 大人(대인): 높은 사람. • 履(리): 밟는다, 행하다, 실천하는 것을 말함.

위 인 불 살　　상 능 섭 신
爲仁不殺하고 常能攝身하면

시 처 불 사　　소 적 무 환
是處不死니 所適無患이니라.

풀이 ▶▶▶ 인자하여 살생을 하지 않고 항상 몸을 좋게 다스리면, 그곳이

곧 죽지 않는 곳이니 어디를 가나 근심이 없다.

주해 ▶▶▶ 不死(불사): 불생불사, 생겨나지도 않고 없어지지도 않는 진여실상(眞如實相). 진여실상은 절대적인 진리.

불 살 위 인　　신 언 수 심
不殺爲仁하고 愼言守心하면

시 처 불 사　　소 적 무 환
是處不死니 所適無患이니라.

풀이 ▶▶▶ 어진 마음으로 살생을 하지 않고 말을 삼가고 마음을 지키면, 그곳엔 죽음이 없으니 어디로 가나 근심이 없다.

피 난 이 정　　수 이 자 인
彼亂已整하고 守以慈仁하며

견 노 능 인　　시 위 범 행
見怒能忍이면 是爲梵行이라.

풀이 ▶▶▶ 그 어지러움을 정리하고 자인으로서 지키며, 노여움을 보아도 참으니 이것이 범행이 된다.

지 성 안 서　　구 무 추 언
至誠安徐하고 口無麤言하며

불 진 피 소　　시 위 범 행
不瞋彼所는 是謂梵行이니라.

풀이 ▶▶▶ 지극한 정성과 평안한 마음으로 입으로 거친 말을 하지 않으며, 남에게 성내지 않으면 그것을 일컬어 범행이라 한다.

주해 ▶▶▶ 安徐(안서): 마음이 편안하고 조용하다. • 麤言(추언): 거친 말, 말투가 곱지 못한 것. • 彼所(피소): 저 곳 다른 사람. • 梵行(범행): 불도의 수행, 맑고 깨끗한 행실.

수 공 무 위　　불 해 중 생
垂拱無爲하고 不害衆生하며

무 소 요 뇌　　시 응 범 행
無所嬈惱면 是應梵行이니라.

풀이 ▶▶▶ 아무 일도 안 하고 팔짱을 끼고 중생들을 해롭게 하지 않으며, 어지러이 괴롭히지 않으면 그것도 응당 범행이니라.

주해 ▶▶▶ 垂拱(수공): 옷소매를 늘어뜨리고 팔짱을 끼움, 즉 아무 일도 아니하고 남이 하는 대로 내버려둔다는 뜻. • 衆惱(요뇌): 번뇌.

상 이 자 애　　정 여 불 교
常以慈哀하고 淨如佛敎하며

지 족 지 지　　시 도 생 사
知足知止면 是度生死니라.

풀이 ▶▶▶ 항상 자비롭고 불쌍히 여길 줄 알고 부처님 가르침같이 맑으며, 만족할 줄 알고 그칠 줄 알면 그것이 곧 생사를 건너는 것이다.

주해 ▶▶▶ 度生死(도생사): 생사를 건너다, 즉 생사를 초월한다는 뜻. 생사의 번뇌가 있는 고해(苦海)를 건너는 것으로, 열반의 피안에 도달하게 됨.

소 욕 호 학 　 불 혹 어 리
少欲好學하고 不惑於利하며

인 이 불 범 　 세 상 소 칭
仁而不犯하면 世上所稱이니라.

풀이 ▶▶▶ 욕심이 적고 배우기 좋아하고 이익에 미혹되지 않으며, 마음이 어질어 남을 범하지 않으면 세상 사람의 칭찬을 받는다.

인 수 무 범 　 불 흥 변 쾌
仁壽無犯하고 不興變快하며

인 위 쟁 요 　 혜 이 묵 안
人爲諍擾라도 慧以嘿安이라.

풀이 ▶▶▶ 인자하여 장수를 누림을 침범당하지 않고, 변고나 불만을 일으키지 않으며 남의 시비를 걸어 소란을 피우더라도 지혜로 침묵함으로써 편안히 한다.

주해 ▶▶▶ 不興變快(불응변쾌): 괴상한 일을 일으키지 않음.

보 우 선 우 　 애 가 중 생
普憂賢友하고 哀加衆生하며

상 행 자 심 　 소 적 자 안
常行慈心하면 所適者安이라.

풀이 ▶▶▶ 널리 현명한 벗을 근심해 주고 중생을 보살펴 불쌍히 여기며, 항상 자비로운 마음으로 행하면 어디로 가나 편안하리라.

인 유 불 사　　　안 지 무 우
仁儒不邪하며 安止無憂하니

상 천 위 지　　　지 자 낙 자
上天衛之이니 智者樂慈니라.

풀이 ▶▶▶ 어진 선비는 사악하지 아니하며 편안히 머물러 근심이 없으니,
위에 있는 하늘이 이를 보호해 준다. 지혜로운 자는 인자함을 즐긴다.

주 야 염 자　　　심 무 극 벌
晝夜念慈하고 心無尅伐하며

불 해 중 생　　　시 행 무 구
不害眾生이면 是行無仇이라.

풀이 ▶▶▶ 밤이나 낮이나 자비로운 생각만 하고 마음속에 남을 이길 뜻
이 없어 중생을 해치지 아니하니 이렇게 행함으로 원수가 없느니라.
주해 ▶▶▶ 尅伐(극벌): 남을 이기는 것과 내 위세를 자랑하는 것.

불 자 즉 살　　　위 계 언 망
不慈則殺하고 違戒言妄하며

과 불 여 타　　　불 관 중 생
過不與他면 不觀眾生이니라.

풀이 ▶▶▶ 자비롭지 못하면 살생을 저지르고 계를 어기면 말이 망령이
된다. 그리하여 타인에게 지나치게 인색하고 중생을 돌보지 아니한다.

주 치 실 지　　위 방 일 행
酒致失志하여 爲放逸行하며

후 타 악 도　　무 성 불 진
後墮惡道하여 無誠不眞이니라.

풀이 ▸▸▸　술이 과하면 뜻을 잃게 되고 방일한 행동을 하게 되며, 드디어
악도(惡道)에 떨어져 성실하지 못하고 진실하지 못하게 된다.
주해 ▸▸▸　放逸(방일): 방탕과 안일함. • 惡道(악도): 중생이 현세에서 악업을
쌓았기 때문에 죽어서 가야 할 고통의 세계.

이 인 행 자　　박 애 제 중
履仁行慈하며 博愛濟眾하면

유 십 일 예　　복 상 수 신
有十一譽하고 福常隨身이라.

풀이 ▸▸▸　인(仁)을 실천하고 자비를 행하고 널리 중생을 사랑해 제도하
면 11가지의 명예를 얻어 복은 항상 몸을 따른다.

와 안 각 안　　불 견 악 몽
臥安覺安하고 不見惡夢하며

천 호 인 애　　불 독 불 병
天護人愛하며 不毒不兵이니라.

풀이 ▸▸▸　누워 있어도 편안하고 깨어 있어도 편안하고 악몽(惡夢)을 꾸
지 않으며, 하늘이 보호하고 사람이 사랑하니 해독이 없고 해칠 병사도
없다.

수 화 불 상　　재 소 득 리
水火不喪하여 在所得利하며

사 승 범 천　　시 위 십 일
死昇梵天하니 是爲十一이니라.

풀이 ▸▸▸ 물이나 불도 그를 죽지 못하고 가는 곳마다 이득을 얻다가, 죽은 후에는 범천에 올라가니 이것을 일러 십일(十一)이라 하느니라.

주해 ▸▸▸ 梵天(범천): 욕심이 성한 인간 세상을 떠난 적정 청정의 세계. 범중천, 범보천, 대범천의 세천.

약 염 자 심　　무 량 불 폐
若念慈心하며 無量不廢하면

생 사 점 박　　득 리 도 세
生死漸薄하며 得利度世니라.

풀이 ▸▸▸ 만약 자비로운 마음을 생각하고 한량없이 이를 버리지 않으면 태어나고 죽음이 점점 엷어져 이익을 얻고 세상을 제도한다. 곧 삶과 죽음의 경계를 벗어나 열반에 이르게 된다.

인 무 난 지　　자 최 기 행　　민 상 중 생　　차 복 무 량
仁無亂志하고 慈最可行이니 愍傷眾生이면 此福無量이라.

풀이 ▸▸▸ 어진 마음은 뜻을 어지러이 하지 않으며 자비를 가히 으뜸으로 행하고, 중생을 상할까 염려하고 불쌍히 여기면 이 복이 또한 한량없어라.

가 령 진 수 명　　근 사 천 하 인
假令盡壽命하며 懃事天下人하고

상 마 이 사 천　　불 여 행 일 자
象馬以祠天이라도 不如行一慈니라.

풀이 ▸▸▸ 가령 목숨이 다할 때까지 천하의 사람을 정성껏 섬기고, 코끼리와 말로 하늘에 제사를 지낸다 해도 자비로운 행동을 한 번 하는 것만 못하리라.

주해 ▸▸▸ 懃事(근사): 정성껏 섬김.

言語品

언어품

책임질 수 없는 말을 함부로 해서는 안 된다

사람은 말을 할 때 늘 조심해야 한다. 한 번 엎질러진 물은 다시 주워 담을 수 없듯이
한 번 입에서 나온 말은 다시 거둬들일 수 없다. 또한 말은 사람의 인격과 행실을
그대로 나타내는 것이니, 책임질 수 없는 말을 함부로 해서는 안 된다.

언어품자　소이계구　발설담논　당용도리
言語品者는 所以戒口니 發說談論에 當用道理니라.

풀이 ▶▶▶ 언어품(言語品)이란 소위 입을 경계하는 것으로써 발설하고 담
론하는 데 마땅히 도리에 맞도록 해야 한다.

악언매리　교능멸인　흥기시행　질원자생
惡言罵詈하고 憍陵蔑人하며 興起是行이면 疾怨滋生이라.

풀이 ▶▶▶ 나쁜 말로 욕하고 꾸짖고 교만하여 남을 능멸하고 이렇게 자
주 하다 보면 미움과 원망이 차츰 생긴다.

주해 ▶▶▶ 罵詈(매리): 꾸짖음. • 疾怨(질원): 미워하고 원망함.

손 언 순 사　　존 경 어 인
遜言順辭로　尊敬於人하며

기 결 인 오　　질 원 지 멸
棄結忍惡하면　疾怨自滅이니라.

풀이 ▶▶▶　공손한 말과 순한 말로 남을 존경하고, 맺은 원한과 증오를 버리면 미워하고 원망함이 스스로 사라진다.

주해 ▶▶▶　棄結(기결): 원한 맺음을 버림.

부 사 지 생　　부 재 구 중
夫士之生에　斧在口中하여

소 이 참 신　　유 기 악 언
所以斬身인데　由其惡言이니라.

풀이 ▶▶▶　대개 사람이 세상에 태어나면 입 속에 도끼가 있어 그것으로써 자기 몸을 비나니 그것은 나쁜 말 때문이다.

쟁 위 소 리　　여 엄 실 재
諍爲少利는　如掩失財니

종 피 치 쟁　　영 의 향 악
從彼致諍하며　令意向惡이니라.

풀이 ▶▶▶　조그만 이익을 위해 다투는 것은 마치 재물을 잃음을 가리는 것과 같나니, 그 다툼으로 인하여 그 뜻을 악으로 행하게 한다.

예 악 악 소 예　　시 이 구 위 악
譽惡惡所譽는 是二俱爲惡이라

호 이 구 쾌 투　　시 후 개 무 안
好以口儈鬪하면 是後皆無安이니라.

풀이 ▸▸▸　악한 자를 칭찬하고 악한 자에게 칭찬받는 것, 이 두 가지 모두 악한 것이니, 즐겨 입으로 다투면 이것은 모두 뒤에 편안함이 없다.

주해 ▸▸▸　**儈鬪**(쾌투): 남과의 사이에 붙어서 흥정을 붙이는 거간꾼, 남과 싸우는 것.

무 도 타 악 도　　자 증 지 옥 고
無道墮惡道하여 自增地獄苦과

원 우 수 인 의　　염 제 즉 무 범
遠愚修忍意하며 念諦則無犯이니라.

풀이 ▸▸▸　무도하면 악도에 떨어져 스스로 지옥의 고통을 더한다. 어리석음을 멀리하여 참는 뜻을 닦으며 이치를 생각하면 악을 범함이 없다.

종 선 득 해 탈　　위 악 불 득 해
從善得解脫하고 爲惡不得解니라

선 해 자 위 현　　시 위 탈 악 뇌
善解者爲賢하니 是爲脫惡惱니라.

풀이 ▸▸▸　선을 좇으면 해탈을 얻고 악을 행하면 깨달음을 얻지 못한다. 잘 깨달은 자는 현명함이 되니, 악의 괴로움에서 벗어나게 된다.

주해 ▸▸▸　惡惱(악뇌): 사악한 뜻이 있어서 마음이 괴로운 것.

해 자 포 손 의　　불 조 언 득 중
解自抱損意하며 不躁言得中하고

의 설 여 법 설　　시 언 유 연 감
義説如法説하여 是言柔軟甘이니라.

풀이 ▶▶▶ 해칠 마음을 스스로 풀고, 성급한 말을 하지 않으면 중도(中道)
를 얻는다. 의로운 말과 법에 맞는 이야기는 부드럽고 유연하여 달기
도 하다.

주해 ▶▶▶ 損意(손의): 욕심을 억제할 마음. • 中(중): 중도(中道)로 지나침도
미치지 못함도 없는 중정(中正)의 도리.

시 이 언 어 자　　필 사 이 무 환
是以言語者는 必使己無患하고

역 불 극 중 인　　시 위 능 선 언
亦不尅眾人하나니 是爲能善言이니라.

풀이 ▶▶▶ 그러므로 말이란 자신으로 하여금 근심이 없게 하고, 또한 여
러 사람을 자극하지 않아야 하나니 이렇게 말하는 것이 바로 좋은 말
이다.

주해 ▶▶▶ 善言(선언): 착한 말이 아니라 말을 잘함.

언 사 투 의 가　　역 영 득 환 희　　불 사 지 악 의　　출 언 중 수 가
言使投意可하고 亦令得歡喜하여 不使至惡意면 出言眾悉可니라.

풀이 ▶▶▶ 말을 남의 뜻에 들게 하고 또한 기쁨을 얻게 하며, 악한 마음
에 이르지 않게 한다면 하는 말이 많아도 여러 사람이 다 좋다고 한다.

주해 ▶▶▶ 投意(투의): 남의 뜻에 맞는 것. • 衆(중): 많은 것.

지성감로설   여법이무과
至誠甘露説은 如法而無過하고

제여의여법   시위근도립
諦如義如法이면 是爲近道立이니라.

풀이 ▶▶▶ 지성스러운 단 이슬 같은 말은 법다워 아무 허물이 없고, 이치가 이치답고 법과 같으면 그것을 도에 가까이 서는 것이라 한다.

설여불언자   시길득멸도
説如佛言者는 是吉得滅度하고

위능작호제   시위언중상
爲能作浩際하나니 是謂言中上이니라.

풀이 ▶▶▶ 부처님 하신 말씀과 같은 말을 하는 자는 경사로이 멸도를 얻고 능히 기쁨의 극치를 이루나니, 그것이 곧 말 중에 최상이라 이른다.

주해 ▶▶▶ 滅度(멸도): 열반, 생사의 관념을 멸했다 하여 이름 붙였음. • 浩際(호제): 극치(極致)와 같음, 더할 수 없는 경지.

雙要品

쌍요품

이 세상 모든 것의 근원은 하나이다

이 세상의 모든 이치는 서로 대립되고 상반되는 한 쌍의 개념으로 이루어져 있다.
선이 있으면 악이 있고 생(生)이 있으면 사(死)가 있고, 만남이 있으면 헤어짐이 있다.
상대적인 근본 이치를 바로 이해하면 선과 악이 둘이 아니듯이
이 세상 모든 것의 근원은 하나라는 것을 알 수 있다.

쌍 요 품 자　　양 양 상 명　　　선 악 유 대　　　거 의 부 단
雙要品者는 兩兩相明이니 善惡有對하여 擧義不單이니라.

풀이 ▶▶▶ 쌍요품(雙要品)이란 둘씩 서로 이치를 밝히고 선과 악이 서로
대(對)가 되어 이치를 들되 하나만을 말하지 않는 것을 말한다.

심 위 법 본　　　심 존 심 사　　　중 심 념 악
心爲法本이니 心尊心使니라 中心念惡하며

즉 언 즉 행　　　죄 고 자 추　　　거 력 우 철
卽言卽行이면 罪苦自追가 車轢于轍이니라.

풀이 ▶▶▶ 마음은 모든 것의 근본이니 모든 일은 마음에서 일어난다. 마
음속에 악한 생각이 일어나면 말과 행동도 또한 그러하나니, 그 때문

에 죄와 괴로움이 마치 수레를 따르는 수레바퀴같이 스스로 따르리라.

주해 ▶▶▶ 心尊(심존): 마음이 몸의 주인이 됨. • 轢(력): 치이다, 깔리다. • 轍(철): 바퀴자국, 흔적.

심 위 법 본　　심 존 심 사
心爲法本하니 心尊心使니다

중 심 념 선　　즉 언 즉 행
中心念善하여 卽言卽行이면

복 락 자 추　　여 영 수 형
福樂自追가 如影隨形이니라.

풀이 ▶▶▶ 마음은 모든 것의 근본이니 모든 일은 마음에서 일어난다. 마음속에 착한 생각이 일어나면 말고 행동도 또한 그러하나니 그 때문에 복락이 마치 몸을 따르는 그림자처럼 스스로 따르리라.

주해 ▶▶▶ 福樂(복락) : 행복과 즐거움.

수 난 의 행　　구 우 입 명
隨亂意行하고 拘愚入冥하여

자 대 무 법　　하 해 선 언
自大無法이면 何解善言이리오.

풀이 ▶▶▶ 혼란한 마음이 행하는 대로 따르고 어리석음에 잡혀 어둠에 들어가며, 스스로 큰 체하여 법이 없으면 어떻게 선한 말을 이해할 수 있으리.

수 정 의 행　　　개 해 청 명
隨正意行하고 開解淸明하여

불 위 투 질　　　민 달 선 언
不僞妬嫉이면 敏達善言이라.

풀이 ▸▸▸ 바른 마음이 행하는 대로 따르고 맑고 밝게 알고 이해하여 미
워하거나 질투하지 않으면 선한 말을 빨리 이해하리라.

주해 ▸▸▸ 敏達(민달): 민첩하게 통달함.

온 오 원 자　　　미 상 무 원
慍於怨者면 未嘗無怨이나

불 온 자 제　　　시 도 가 종
不慍自除니 是道可宗이니라.

풀이 ▸▸▸ 원망하는 자에게 성내면 원망이 미상불 없어지지 않으나 성내
지 않으면 스스로 없어질 것이니, 이 길을 숭상할 만하다.

주해 ▸▸▸ 慍(온): 성내다, 발끈 화를 내다. • 宗(종): 숭상하는 것.

불 호 책 피　　　무 자 성 신
不好責彼하고 務自省身하라

여 유 지 차　　　영 멸 무 환
如有知此면 永滅無患이니라.

풀이 ▸▸▸ 남을 책망하기를 좋아하지 말고 스스로 몸을 살피기에 힘써야
한다. 만일 이것을 안다면 영원히 번뇌를 멸하여서 근심이 없을 것이다.

행견신정　　　불섭제근　　　음식부절
行見身淨하여 不攝諸根하고 飮食不節하며

만타겁약　　　행위소제　　　여풍미초
慢墮怯弱이면 爲邪所制하고 如風靡草이니라.

풀이 ▶▶▶ 몸은 편한 것만 좇아서 좋아하고 모든 감각기관을 다스리지 않
으며 음식을 절제하지 않고 마음이 태만하고 겁이 많으면 삿된 생각이
그를 사로잡아 넘어트리니, 마치 바람이 약한 풀을 휩쓸듯이 하리라.

주해 ▶▶▶ 怯弱(겁약): 겁 많고 나약한 것. • 靡草(미초): 풀을 쓰러뜨림.

관신부정　　　능섭제근　　　식지절도
觀身不淨하여 能攝諸根하며 食知節度하고

상락정진　　　불위사동　　　여풍대산
常樂精進이면 不爲邪動이 如風大山이니라.

풀이 ▶▶▶ 몸 편안한 것만 구하지 않고 모든 감각기관은 잘 다스리며, 먹
고 마심에도 절도를 지키고 항상 정진함을 즐거워하면, 삿된 것이 그
대를 범하지 못하리니, 마치 바람 앞에 우뚝 선 큰 산과 같으니라.

불토독태　　　욕심치빙　　　미능자조　　　불응법의
不吐毒態하고 欲心馳騁하며 未能自調면 不應法衣니라.

풀이 ▶▶▶ 마음속에 독한 것 버리지 못하고 욕심 따라 이리저리 달려가
면서 능히 자기를 다스리지 못하는 자는 법의를 입기에 온당치 못하다.

주해 ▶▶▶ 毒態(독태): 마음속에 독한 태도. • 馳騁(치빙): 내키는 대로 이리저
리 달리다. /自調(자조): 자기를 잘 조절하다. • 法衣(법의): 중이 입는 옷.

능 토 독 태　　계 의 안 정
能吐毒態하고 戒意安靜하며

항 심 이 조　　차 응 법 의
降心已調면 此應法衣니라.

풀이 ▸▸▸　마음속에 독이란 것 모두 쏟아 버리고 조용히 모든 계율 생각
하면서 자기 마음 항복받아 스스로 다스리면 이런 사람 법의(法衣) 입
어 마땅하리라.

이 진 위 위　　이 위 위 진　　시 위 사 계　　부 득 진 리
以眞爲僞하고 以僞爲眞이면 是爲邪計니 不得眞利니라.

풀이 ▸▸▸　진실한 것을 진실이 아니라 하고 진실이 아닌 것을 진실이라
한다면 이것은 사악한 계교가 되니 참된 이익을 얻지 못하리라.

지 진 위 진　　견 위 지 위
知眞爲眞하고 見僞知僞면

시 위 정 계　　필 득 진 리
是爲正計니 必得眞利니라.

풀이 ▸▸▸　진실을 알아 진실이라 생각하고 거짓을 보고 거짓이라는 것을
알면 이야말로 바른 견해이니 반드시 참다운 이익 얻을 수 있으리라.

개 옥 불 밀　　천 우 즉 루
蓋屋不密이면 天雨則漏니라

의 불 유 행 　　 음 일 위 천
意不惟行이면 淫泆爲穿이라.

풀이 ▸▸▸ 지붕을 이음이 정밀하지 않으면 비가 오게 되면 곧 새고 만다.
마음으로 생각해 행하지 않으면 음탕한 생각으로 뚫리게 된다.
주해 ▸▸▸ 蓋屋(개옥): 지붕을 덮은 것. • 惟(유): 생각하는 것.

개 옥 선 밀 　　 우 즉 불 루
蓋屋善密이면 雨則不漏라

섭 의 유 행 　　 음 일 불 생
攝意惟行이면 淫泆不生이니라.

풀이 ▸▸▸ 지붕 덮음을 정밀하게 하면 비가 오더라도 새지 않나니, 뜻을
단속하여 생각해 행하면 음탕한 마음이 생기지 않는다.
주해 ▸▸▸ 善密(선밀): 정밀하게 잘하는 것.

비 부 염 인 　　 여 근 취 물
鄙夫染人이 如近臭物하여

점 미 습 비 　　 불 각 성 악
漸迷習非하여 不覺成惡이니라.

풀이 ▸▸▸ 비루한 사람은 남을 물들임이 마치 가까이 있는 오물같이 점
점 미혹되어 그 그릇됨을 익혀 자기도 모르게 악해지리라
주해 ▸▸▸ 臭物(취물): 냄새나는 더러운 물건. • 漸迷(점미): 점점 미혹된다. •
習非(습비): 옳지 못한 것을 익힘. • 不覺(불각): 저도 모르게, 알지 못하는 사
이에.

_{현 부 염 인} _{여 근 향 훈}
賢夫染人이 如近香熏이라

_{진 지 습 선} _{행 성 결 방}
進智習善하여 行成潔芳이니라.

풀이 ▶▶▶ 어진 사람은 사람을 물들이는 것이 마치 향 연기와 가까이 있는 것과 같다. 지혜는 깊어지고 선을 익혀 마침내 깨끗하고 꽃다움을 이룬다.

주해 ▶▶▶ 賢夫(현부): 어진 사람.

_{조 우 후 우} _{행 악 양 우}
造憂後憂하고 行惡兩憂라

_{피 우 유 구} _{견 죄 심 거}
彼憂惟懼하며 見罪心懅니라.

풀이 ▶▶▶ 걱정을 만들어서 걱정을 하고 악을 행하면 이승과 저승에서 걱정을 한다. 이것도 걱정이요, 저것은 두려워하며 지은 죄 바라보면 마음이 부끄럽다.

_{조 희 후 희} _{행 선 양 희}
造喜後喜하고 行善兩喜라

_{피 희 유 환} _{견 복 심 안}
彼喜惟歡하며 見福心安이니라.

풀이 ▶▶▶ 기쁨을 만들어서 뒤에 기뻐하고 선을 행하면 이승과 저승 두 곳에서 기뻐한다. 이것도 기쁨이요, 저것도 기쁨, 지은 복 바라보니 마음은 편안하다.

금 회 후 회 　　　위 악 양 회 궐 위 자 앙 　　수 죄 열 뇌
今悔後悔하며 爲惡兩悔 厥爲自殃하여 受罪熱惱니라.

풀이 ▶▶▶ 이승에서 뉘우치고 저승에서도 뉘우쳐서 악한 일 행한 사람
두 곳에서 뉘우친다. 자기가 행한 악으로 스스로 화를 입어 극심한 고
통의 죄과 받아 심한 고통을 당한다.

금 환 후 환 　　　위 선 양 환 　　궐 위 자 우 　　수 복 열 예
今歡後歡하여 爲善兩歡하며 厥爲自祐하며 受福悅豫니라.

풀이 ▶▶▶ 이승에서 기뻐하고 저승에서 기뻐하고 선을 행한 사람 두 곳
에서 기뻐한다. 자신이 지은 선이 스스로 자기를 도와 복을 받아 기뻐
하고 즐거워한다.

주해 ▶▶▶ 自祐(자우): 스스로 돕는 것. • 悅豫(열예): 열락(悅樂)과 같음, 기뻐
하고 즐거워함.

교 언 다 구 　　　방 탕 무 계 　　　회 음 노 치
巧言多求하고 放蕩無戒하고 懷婬怒癡하여

불 유 지 관 　　　취 여 군 유 　　비 불 제 자
不惟止觀하면 聚如群牛하여 非佛弟子니라.

풀이 ▶▶▶ 교묘한 말을 많이 구사하고 함부로 방탕하고 계를 지키지 않
으며, 음탕한 생각과 성냄을 일삼고 지관(止觀)을 생각지 아니하면 그

것은 소의 부리가 모인 것 같은 것, 진정한 부처님의 제자가 아니다.

주해 ▸▸▸ 止觀(지관): 모든 망념을 억지하여 다시 일어나지 않도록 하는 것이 지(止), 정적의 맑은 지혜도 만법을 비쳐 보는 것을 관(觀)이라 함.

시 언 소 구　　　 행 도 여 법　　　 제 음 노 치
時言少求하고 行道如法하고 除淫怒癡하며

각 장 의 해　　　 견 대 불 기　　　 시 불 제 자
覺正意解하며 見對不起하면 是佛弟子니라.

풀이 ▸▸▸ 경전을 조금밖에 외우지 못해도 바른 도리를 알아 실천을 한다면, 어리석음과 성냄과 탐욕에서 벗어나 깨달음과 해탈을 바로 얻어 이승과 저승에 얽매이지 않는 진실한 불제자이니라.

주해 ▸▸▸ 時言(시언): 말을 해야 할 때에 말하는 것. • 對(대): 이득을 대하는 것. • 不起(불기): 탐욕의 마음이 일어나지 않는 것.

放逸品

방일품

탐욕을 버려야 한다

계율을 잘 지켜서 욕정의 움직임을 경계하고 사악함에 물들지 않도록
항상 마음을 다짐하는 것을 말한다. 그리하여 사람을 악에서 구제하고 미혹에 빠지지 않게 하며,
선한 길로 인도하여 바른 깨달음을 이루게 하는 것이다.

방 일 품 자　　인 율 계 정　　방 사 검 실
放逸品者는 引律戒情하고 防邪撿失하여 이니라.

풀이 ▶▶▶ 방일품(放逸品)이란 계율을 인용하여 욕정을 경계하고, 사악함
을 막고 정도를 잃지 않게 하며 도(道)로써 현명하게 되기를 권하는 것
이다.

주해 ▶▶▶ 　放逸(방일): 제멋대로 하며 함부로 놂. • 情(정): 욕정, 욕심의 충
동. • 失(실): 본마음을 잃는 것.

계 위 감 로 도　　방 일 위 사 경
戒爲甘露道하고 放逸爲死徑이라

불 탐 즉 불 사　　실 도 위 자 상
不貪則不死하고 失道爲自喪이니라.

풀이 ▶▶▶ 계를 지킴은 감로(甘露)의 길이 되고, 방일(放逸)함은 죽음의 길이다. 탐욕을 버리면 죽지 아니하고 도를 잃으면 스스로 죽게 된다.

주해 ▶▶▶ 甘露(감로): 태평성대에 하늘이 내린다는 단 이슬. • 甘露道(감로도): 감로의 길, 즉 열반으로 가는 길. • 死徑(사경): 죽음으로 이르는 지름길. • 自喪(자상): 스스로 죽음, 자멸을 뜻함.

혜 지 수 도 승 　　　종 불 위 방 일
慧智守道勝하여 終不爲放逸하고

불 탐 치 환 희 　　　종 시 득 도 락
不貪致歡喜면 從是得道樂이니라.

풀이 ▶▶▶ 밝은 지혜로 훌륭한 도리 지키며 마침내 방일하지 않는 사람은 탐하지 않는 속에 기쁨을 얻어 끝내 성자의 경지에 도달하리라.

주해 ▶▶▶ 道勝(도승): 도의 뛰어남, 훌륭한 도리.

상 당 유 념 도 　　　자 강 수 정 행
常當惟念道하여 自强守正行하라

건 자 득 도 세 　　　길 상 무 유 상
健者得度世하면 吉祥無有上이니라.

풀이 ▶▶▶ 항상 도를 생각하여 스스로 굳세게 바른 행실을 지켜야 한다. 건실하게 세상을 살아간다면 그보다 좋은 일 모두 얻으리라.

주해 ▶▶▶ 强守(강수): 굳게 지키다. • 正行(정행): 마음을 닦는 바른 행실. • 度世(도세): 세상을 건넘, 인간의 고해를 건너 열반의 피안에 이름. • 吉祥(길상): 길하고 상서로움.

정념 상 흥 기   　행 정 악 이 멸
正念常興起하고 行淨惡易減이라

자 제 이 법 수   　불 범 선 명 증
自制以法壽하면 不犯善名增이니라.

풀이 ▶▶▶　항상 바른 생각 간직하고 행실을 깨끗하게 한다면 모든 악이
사라지게 된다. 자신을 억제하여 법대로 살면 그런 사람 이름은 더욱
세상에 알려지게 된다.

주해 ▶▶▶　興起(흥기): 감동하여 떨쳐 일어남. • 名增(명증): 이름을 사방에 드
날리다.

발 행 불 방 일 　　 약 이 자 조 심
發行不放逸하고 約以自調心하여

혜 능 작 정 명 　　 불 반 명 연 중
慧能作定明하면 不返冥淵中이니라.

풀이 ▶▶▶ 　행동이 방일(放逸)에 흐리지 않고 항상 스스로 마음을 다스려
지혜롭게 안식처를 만들면 어두운 연못 속으로 돌아가지 않는다.

주해 ▶▶▶ 　定(정): 마음을 한 곳에 집중하여 움직이지 않는 안정 상태.

우 인 의 난 해 　　 탐 란 호 쟁 송
愚人意難解하여 貪亂好諍訟하고

상 지 상 중 신 　　 호 사 위 보 존
上智常重愼하여 護斯爲寶尊이니라.

풀이 ▶▶▶ 　어리석은 자는 깊은 뜻을 깨닫기 어려워 탐하고 어지러워서
송사로 다툼을 좋아하고, 지혜로운 이는 항상 삼가며 이것을 보호하여
보물로 만든다.

주해 ▶▶▶ 　諍訟(쟁송): 다투고 송사함. • 上智(상지): 상급의 지혜.

막 탐 막 호 쟁 　　 역 막 기 욕 락
莫貪莫好諍하며 亦莫嗜欲樂하라

사 심 불 방 일 　　 가 이 획 대 안
思心不放逸이면 可以獲大安이니라.

풀이 ▶▶▶ 　탐하지 말고 다투기를 좋아하지 말며, 또한 조용히 생각하고

방일하지 않으면 반드시 큰 즐거움을 얻을 수 있다.

방 일 여 자 금　　능 각 지 위 현
放逸如自禁하여 能却之爲賢이니

이 승 지 혜 각　　거 위 위 즉 안
已昇智慧閣하여 去危爲卽安이니라.

풀이 ▶▶▶ 스스로 방일한 마음을 금하여 능히 탐욕을 물리치면 현명함이
니 지혜의 높은 집에 이미 올라 두려움 없는 안락함을 얻는다.

주해 ▶▶▶ 却之(각지): 이를 물리치는 것. • 去危(거위): 위태로움을 버림.

명 지 관 어 우　　비 여 산 여 지
明智觀於愚는 譬如山與地니라

거 란 이 신 정　　피 위 독 각 오
居亂而身正이면 彼爲獨覺悟니

시 력 과 사 자　　기 악 위 대 지
是力過師子하여 棄惡爲大智니라.

풀이 ▶▶▶ 밝은 지혜로 어리석음을 본다면 비유컨대 높은 산이나 평지와
같다. 어지러운 곳에서도 몸 바르게 가지면 그는 홀로 깨달은 사람 되
나니 그의 힘 사자보다도 더하여 악을 버리고 큰 지혜를 얻는다.

주해 ▶▶▶ 師子(사자): 사자(獅子)를 말함, 부처님이 소리를 높여 설법한 것을
'사자후(獅子吼)라 표현한다.

수 면 중 약 산　　치 명 위 소 폐
睡眠重若山하여 癡冥爲所蔽하며

안 와 불 계 고　　시 이 상 수 태
安臥不計苦니 是以常受胎니라.

풀이 ▶▶▶ 　잠이란 무겁기가 산과 같아서 어리석음의 어두움 속에 가려 편히 누워 괴로움을 생각하지 않나니, 이런 까닭에 항상 윤회에서 벗어나지 못한다.

불 위 시 자 자　　능 제 루 득 진
不爲時自恣하고 能制漏得盡이라

자 자 마 득 편　　여 사 자 박 녹
自恣魔得便이 如師子博鹿이니라.

풀이 ▶▶▶ 　항상 스스로 방자하지 않고, 능히 억제하면 번뇌가 다함을 얻으리라. 스스로 방자하면 악마가 뜻을 얻음이 마치 사자가 사슴을 잡는 것과 같을 것이다.

주해 ▶▶▶ 漏(누): 번뇌. • 得便(득편): 편의(便宜)를 얻는 것으로 뜻을 얻는 것.

능 부 자 자 자　　시 위 계 비 구　　피 사 정 정 자　　상 당 자 호 심
能不自恣者는 是爲戒比丘라 彼思正淨者는 常當自護心이니라.

풀이 ▶▶▶ 　능히 스스로 방자하지 않는 자는 계율을 지키는 비구이다. 저 올바르고 깨끗함을 생각하는 사람은 항상 마땅히 스스로 마음을 지킬 것이다.

비 구 근 신 락   방 일 다 우 건
比丘謹愼樂하지만 放逸多憂愆하나니

변 쟁 소 치 대   적 악 입 화 염
變諍小致大하고 積惡入火焰이니라.

풀이 ▸▸▸ 비구는 근신하면 즐겁지만 방일하면 근심과 허물이 크나니,
조그마한 다툼이 변하여 크게 되고 악을 쌓아 불길 속으로 들어간다.

주해 ▸▸▸ 憂愆(우건): 건은 건(愆)과 통하여 허물의 뜻.

수 계 복 치 선   범 계 유 구 심
守戒福致善하고 犯戒有懼心이라

능 단 삼 계 루   차 내 근 니 원
能斷三界漏면 此乃近泥洹이니라.

풀이 ▸▸▸ 계율의 복을 지키면 선을 이루고 계율을 어기면 두려운 마음
이 일어난다. 능히 삼계(三界)의 번뇌를 끊어 버리면 이는 곧 열반에 가
깝게 다가간 것이다.

주해 ▸▸▸ 三界(삼계): 일체중생이 생사전변(生死轉變)하는 세 가지 세계, 곧
욕계(慾界), 색계(色界), 무색계(無色界) 등으로 나뉘어짐. • 泥洹(니원): 열반.

약 전 방 일   후 능 자 금   시 소 세 간   염 정 기 의
若前放逸이라도 後能自禁이면 是炤世間하리니 念定其宜니라.

풀이 ▸▸▸ 만일 전에는 방일하였더라도 뒤에 가서 스스로 고치면 이는
세상을 밝게 비추리니, 그 마음을 정함이 마땅할 것이다.

주해 ▸▸▸ 定(정): 마음을 한 곳에 모음.

과 실 위 악　　추 복 이 선
過失爲惡이라도 追覆以善이면

시 소 세 간　　염 선 기 의
是炤世間이니 念善其宜니라.

풀이 ▶▶▶ 잘못된 허물로 악을 저질렀어도 다음에 반성하고 선으로 이것을 덮으면, 이는 세상을 밝게 비추리니 선을 생각하는 마음이 마땅하기 때문이다.

소 장 사 가　　성 수 불 교
少莊捨家하고 盛修佛敎하면

시 소 세 간　　여 월 운 소
是炤世間하니 如月雲消니라.

풀이 ▶▶▶ 젊을 때 집을 버리고 부처님의 가르침을 힘써 닦으면 이는 세상을 밝게 비추리니, 마치 달로 인해 구름이 사라지는 것 같으니라.

인 전 위 악　　후 지 불 범
人前爲惡이라도 後止不犯하면

시 소 세 간　　여 월 운 소
是炤世間하며 如月雲消니라.

풀이 ▶▶▶ 사람이 이전에 악을 행하였더라도 뒤에 그치고 또 범하지 않으면 이는 세상을 밝게 비추리니, 마치 달로 인해 구름이 사라지는 것 같으니라.

생 불 시 뇌   사 이 불 척
生不施惱하고 死而不感이면

시 견 도 한   응 중 물 우
是見道悍이니 應中勿憂니라.

풀이 ▶▶▶ 살아서 남에게 괴로움을 끼치지 아니하고 죽음을 근심하지 않으면 이는 도를 아주 잘 본 것으로, 바른 도리에 맞는 것이니 조금도 근심 걱정하지 말라.

주해 ▶▶▶ 感(척): 근심. • 應中(응중): 중정(中正)의 도리에 맞는 것.

단 탁 흑 법   학 유 청 백   도 연 불 반
斷濁黑法하고 學惟淸白하여 度淵不返하고

기 의 행 지   불 부 염 락   욕 단 무 우
棄猗行止하며 不復染樂하면 欲斷無憂니라.

풀이 ▶▶▶ 흐리고 나쁜 법(法)을 끊고 오로지 (부처님의) 맑고 깨끗한 것을 배워 깊은 연못 건너서 돌아오지 않고, 의지함을 버리고 행함을 그치어 다시는 쾌락에 물들지 않으면 욕심이 끊어져 근심이 없을 것이다.

주해 ▶▶▶ 濁黑法(탁흑법): 더럽고 나쁜 법, 흐리고 더러운 삿된 법. • 淸白(청백): 청렴사고 결백하다. • 度淵(도연): 깊은 연못, 고해(苦海)를 건너는 것을 뜻함. 번뇌를 물의 흐름에 비유하고 열반의 정토를 피안으로 표현함. • 行止(행지): 일체의 행위를 멈추는 것.

心意品

심의품

마음의 법이란 비록 미묘하나 진실이 아니다

불가(佛家)에서는 뜻을 사량(思量)하는 마음의 작용을 세 가지로 나누어서 분석하고 공부한다.
즉 심(心)·식(識)·의(意)가 그것이다. 여기서는 마음 그 자체는 형상이 없으나
그 사물을 만들어 내는 공덕이 무한함을 말하고 있다.

경 조 난 지 　　유 욕 시 종 　　제 의 위 선 　　자 조 즉 녕
輕躁難持하고 唯欲是從이라 制意爲善하고 自調則寧이라.

풀이 ▶▶▶ 　경망하고 조급하면 붙잡기 어렵고 오직 욕심만이 따른다. 뜻
을 줄여 선을 행하고 스스로 다스리면 편안하게 된다.

의 미 난 견 　　수 욕 이 행 　　혜 상 자 호 　　능 수 즉 안
意微難見하고 隨欲而行이라 慧常自護하며 能守則安이니라.

풀이 ▶▶▶ 　뜻은 미묘하여 보기 어렵고 욕심을 따라 행하기 쉽다. 지혜로
운 마음으로 항상 자신을 보호하여 그렇게 잘 지키면 편안하게 된다.

독 행 원 서 　　 부 장 무 형
獨行遠逝라도 覆藏無形이니

손 의 근 도 　　 마 계 내 해
損意近道면 魔繫乃解니라.

풀이 ▶▶▶ 혼자서 멀리 갈지라도 덮고 감추어져 형상이 없나니 뜻을 줄
여 도(道)에 가까이 하면 악마의 속박도 곧 풀린다.

주해 ▶▶▶ 魔繫(마계): 악마의 결박, 사람은 욕구를 충족시키려 탐욕의 속박에
서 벗어나지 못하고 방황한다.

심 무 주 식 　　 여 부 지 법
心無住息이면 亦不知法하고

미 어 세 사 　　 무 유 정 지
迷於世事하여 無有正智니라.

풀이 ▶▶▶ 마음이 멈추어 쉼이 없으면 또한 법(法)을 알지 못하고 세상일
에 미혹(迷惑)되어 바른 지혜가 없게 된다.

염 무 적 지 　　 부 절 무 변
念無滴止면 不絶無邊이라

복 능 알 악 　　 각 자 위 현
福能過惡니면 覺者爲賢이니라.

풀이 ▶▶▶ 생각은 적당히 멈추지 않으면 그치지 아니하여 끝이 없다. 능
히 악을 끊어 복되게 하면 깨달은 자는 현명하게 된다.

불 설 심 법　　수 미 비 진
不說心法이 雖微非眞이니

당 각 일 의　　막 수 방 심
當覺逸意하여 莫隨放心하라.

풀이 ▸▸▸　부처님 말씀하시기를 '마음의 법이란 비록 미묘하나 진실이
아니라.' 하셨다. 마땅히 숨은 뜻을 깨달아 방일(放逸)한 마음을 따르지
말라.

견 법 최 안　　소 원 득 성
見法最安하고 所願得成하니

혜 호 미 의　　단 고 인 연
慧護微意하여 斷苦因緣이라.

풀이 ▸▸▸　법을 보면 가장 편안하고 소원도 이룰 것이니 지혜로 미묘한
뜻을 보호하여 괴로움의 인연을 끊어야 한다.

주해 ▸▸▸　因緣(인연): 결과를 만드는 직접적 원인과 그 인(因)과 협동하여 결
과를 만드는 간접적 힘이 되는 연줄.

유 신 불 구　　개 당 귀 토　　형 괴 신 거　　기 주 하 탐
有身不久하여 皆當歸土니 形壞神去어든 寄住何貪이리오.

풀이 ▸▸▸　몸이 있다 하나 그것은 오래지 않아 모두 흙으로 돌아가나니
형상은 허물어지고 정신이 떠나거든 잠깐 머무는 삶 무엇을 탐하랴.

주해 ▸▸▸　寄住(기주): 이 세상에 잠시 사는 것.

심 예 조 처　　왕 래 무 단
心豫造處는 往來無端이니

염 다 사 벽　　자 위 초 악
念多邪僻하면 自爲招惡이니라.

풀이　▶▶▶　마음에 미리 만들어 내는 곳은 왕래가 끝이 없다. 생각에 사악함과
편벽됨이 많으면 스스로 악을 부른다.

주해　▶▶▶　邪僻(사벽): 사악과 편벽됨.

시 의 자 조　　비 부 모 위　　가 면 향 정　　위 복 물 회
是意自造요 非父母爲니 可勉向正하여 爲福勿回니라.

풀이　▶▶▶　이 뜻은 스스로 만든 것이지 부모가 만든 것이 아니니, 힘써
바른 길로 향해 나아가 복을 만들고 돌아서지 말라.

장 육 여 구　　방 의 여 성
莊六如龜하고 防意如城하라

혜 여 마 전　　승 즉 무 환
慧與魔戰하여 勝則無患이라.

풀이　▶▶▶　육근(六根)을 갖추기를 거북과 같이 하고 뜻을 지키기를 성
(城)같이 하라. 지혜로 마귀와 싸워 이기면 근심이 없을 것이다.

주해　▶▶▶　莊六(장육): 여섯 가지 근(根)을 감추는 것. • 根(근): 한 적용을 일으
키는 힘, 육근(六根)은 육식(六識)을 낳는 힘. 안근(眼根)은 안식(眼識, 눈의 작
용), 이근(耳根)은 이식, 비근(鼻根)은 비식, 의근(意根)은 의식, 설근(舌根)은
설식, 신근(身根)은 신식을 낳음.

華香品

화향품
마음의 법이란 비록 미묘하나 진실이 아니다

화향품(華香品)에서는 세상의 모든 일들이 인과관계로 이루어진다는 사실을 알린다.
지금까지 배운 것을 선하게 행함으로써 거기에 마땅한 복을 받을 수 있음을 밝히고,
거짓의 삶을 진실한 삶으로 돌릴 것을 권하고 있다.

화 향 품 자　　명 학 당 행
華香品者는 明學當行하여

인 화 견 실　　　사 위 반 진
因華見實하고 使僞反眞이니라.

풀이 ▶▶▶ 　화향품(華香品)이란 마땅히 배움을 행하여, 꽃으로 인(因)하여
열매를 보고 거짓을 진실로 돌림을 밝히는 것이다.

숙 능 택 지　　　사 감 취 천
孰能擇地하여 捨鑑取天이리오

수 설 법 구　　　여 택 선 화
誰說法句하여 如擇善華리오.

풀이 ▶▶▶ 그 누가 능히 땅을 가려 경계할 곳을 버리고 하늘을 취할 것인가? 누가 능히 법구를 설명하되 좋은 꽃을 고르는 것같이 할 수 있을까?

주해 ▶▶▶ 法句(법구): 불교 경전의 문구, 혹은 석가의 금언(金言).

학 자 택 지　　사 감 취 천
學者擇地하여　捨鑑取天하며

선 설 법 구　　능 채 덕 화
善說法句하며　能採德華니라.

풀이 ▶▶▶ 배운 사람은 살 땅을 갈되, 경계할 곳을 버리고 하늘을 취하며 법구를 잘 설명하여 능히 공덕의 꽃을 딴다.

주해 ▶▶▶ 善說(선설): 잘 설명하는 것.

지 세 배 유　　환 법 홀 유
知世杯喩면　幻法忽有하고

단 마 화 부　　부 도 생 사
斷魔華敷면　不覩生死니라.

풀이 ▶▶▶ 세상이 질그릇 같다는 걸 알면 법은 모두 허깨비의 법일 것이고 악마의 꽃 피움을 끊어 버리면 생사를 보지 않을 것이다.

주해 ▶▶▶ 華敷(화부) : 꽃 피우는 것.

견 신 여 말　　　환 법 자 연
見身如沫이면 幻法自然이라

단 마 화 부　　　부 도 생 사
斷魔華敷면 不覩生死니라.

풀이 ▶▶▶ 이 몸은 물거품 같다고 보면 환상과 같은 법이 자연스럽다. 악
마의 꽃 피움을 끊으면 나고 죽음을 보지 않을 것이다.

신 병 즉 위　　　약 화 영 락
身病則萎는 若華零落하고

사 명 내 지　　　여 수 단 취
死命來至는 如水湍驟니라.

풀이 ▶▶▶ 몸에 병이 들면 사그라지는 것은, 꽃이 시들어 떨어짐과 같고
목숨에 죽음이 닥치는 것은 물이 여울에서 빨리 달림과 같다.

탐 욕 무 염　　　소 산 인 념
貪欲無厭이면 消散人念하고

사 치 지 재　　　위 자 침 기
邪致之財는 爲自侵欺니라.

풀이 ▶▶▶ 탐욕을 싫어하여 놓아 버림이 없으면 사람의 생각을 흩어 버
리고 사악한 방법으로 이룬 재물은 스스로를 침범하고 속이느니라.

여 봉 집 화　　　불 뇨 색 향
如蜂集華하여 不嬈色香하고

단 취 미 거   인 입 취 연
但取味去하여 **仁入聚然**이라.

풀이 ▸▸▸ 마치 벌이 꽃에 모여들어 빛깔과 향기를 건드리지 않고, 다만
그 맛만 취해가는 것처럼 비구(比丘)가 마을에 들어감도 또한 그렇다.

주해 ▸▸▸ 嬈(뇨): 희롱하다, 건드리다. • 仁(인) : 어진 사람, 비구. • 取(취): 취
하다, 가지다. • 聚(취): 모으다, 모이다, 마을.

불 무 관 피   작 여 부 작
不務觀彼에 **作與不作**하고

상 자 성 신   지 정 부 정
常自省身하여 **知正不正**하라.

풀이 ▸▸▸ 남이 하고 하지 않는 것 보기에 힘쓰지 말고, 항상 스스로 내
몸을 살피어 바르고 바르지 않음을 알라.

주해 ▸▸▸ 觀彼(관피): 저 사람의 하는 것을 본다.

여 가 의 화   색 호 무 향
如可意華가 **色好無香**하여

공 언 여 시   불 행 무 득
工言如是하며 **不行無得**이니라.

풀이 ▸▸▸ 마음에 드는 저 꽃이 빛깔만 좋고 향기가 없는 것처럼 공교로
운 말도 그와 같아서 행하지 않으면 얻는 것이 없느니라.

주해 ▸▸▸ 可意華(가의화): 뜻에 맞는 꽃. • 工言(공언): 도리에 맞아서 듣기 좋
은 말.

여 가 의 화　　색 미 차 향
如可意華가 色美且香하여

공 어 유 행　　필 득 기 복
工言有行이면 必得其福니라.

풀이 ▸▸▸　마음에 드는 꽃이 빛깔도 아름답고 또 향기가 좋은 것처럼 공교로운 말에 행함이 있으면 반드시 그 복을 얻느니라.

다 작 보 화　　결 보 요 기
多作寶花면 結步搖綺하고

광 적 덕 자　　소 생 전 호
廣積德者는 所生轉好니라.

풀이 ▸▸▸　보배로운 꽃을 많이 만들면 걸음을 옮길 때마다 고운 비단이 움직이는 듯하고, 널리 공덕을 쌓은 자는 태어나는 곳마다 좋으리라.

주해 ▸▸▸　轉好(전호): 좋아지는 것.

기 초 방 화　　불 역 풍 훈
奇草芳花도 不逆風薰하고

근 도 부 개　　덕 인 핍 향
近道敷開는 德人逼香이니라.

풀이 ▸▸▸　기이한 풀과 향기로운 꽃도 바람을 거스르면 향기를 풍기지 못한다. 도인이 널린 베푸는 덕의 향기는 사람에게 가까이 젖어든다.

주해 ▸▸▸　逆風(역풍): 바람을 거스르는 것. • 德人(덕인): 덕스러운 사람, 도덕이 높은 사람.

전 단 다 향　　청 련 방 화　　수 왈 시 진　　불 여 계 향
栴壇多香과 靑蓮芳花를 雖曰是眞이나 不如戒香이니라.

풀이 ▶▶▶ 전단의 짙은 향기와 청련의 꽃다운 꽃을 비록 이것이 진짜라
하지만 계율의 향기만은 못하다.

주해 ▶▶▶ 栴壇(전단): 향나무의 일종으로 짙은 향기가 있음. • 靑蓮(청련): 연
꽃의 일종으로, 푸른 빛의 연꽃. • 雖(수): 비록, 하물며.

화 향 기 미　　불 가 위 진
華香氣微하여 不可謂眞이나

지 계 지 향　　도 천 수 승
持戒之香은 到天殊勝이니라.

풀이 ▶▶▶ 꽃의 향기는 기운이 미약하여 진짜라 할 수 없으나 계율을 지
니는 향기는 천상에 이르러도 남달리 뛰어나다.

주해 ▶▶▶ 殊勝(수승): 남달리 뛰어난 것.

계 구 성 취　　행 무 방 일
戒具成就하고 行無放逸하면

정 의 도 탈　　장 리 마 도
定意度脫하여 長離魔道리라.

풀이 ▶▶▶ 계율을 갖추어 모두 성취하고 행동에 방일이 없으면 뜻을 정
하고 번뇌를 벗어나서 길이 마도(魔道)에서 떠나리라.

주해 ▶▶▶ 定意(정의): 마음을 한 곳에 머물러 흩어지지 않게 하는 것. • 度脫(도
탈): 번뇌라는 인간 고해를 건너 벗어남. • 魔道(마도): 악마의 도, 악마의 세계.

여 작 전 구　　근 우 대 도
如作田溝에 近于大道라도

중 생 연 화　　향 결 가 의
中生蓮華하여 香潔可意니라.

풀이 ▸▸▸　마치 밭에 도랑을 만들 때 그것이 큰길과 가깝더라도 그 가운
데에 연꽃이 피어 향기롭고 깨끗함이 마음에 드는 것이다.

유 생 사 연　　범 부 처 변
有生死然이라 凡夫處邊에

해 자 낙 출　　위 불 제 자
慧者樂出하여 爲佛弟子니라.

풀이 ▸▸▸　생사에 있어서도 그러함이 있다. 범부가 사는 평범한 곳에서
지혜로운 자는 나오기 즐기나니, 그리하여 부처님의 제자가 된다.

주해 ▸▸▸　凡夫(범부): 1. 평범한 사내 2. 불교에서 번뇌에 얽매여서 생사를 초
월하지 못하는 사람. • 處邊(처변): 사는 곳.

愚闇品

우암품

더울 때는 더운 대로 추울 때는 추운 대로 살아야 한다

어리석고 어두운 사람은 그 행할 바른 길을 알지 못하기 때문에
정도에서 벗어나 미혹한 세계에서 방황한다. 그러므로 이를 지적하여
그 어리석고 어두움을 깨우치기 위함이다.

우 암 품 자   장 이 개 몽
愚闇品者는 將以開朦하여

고 진 기 태   욕 사 규 명
故陣其態하며 欲使闚明이니라.

풀이 ▶▶▶ 우암품(愚闇品)이란 몽매함을 깨우쳐 주기 위하여 일부러 그
모습을 펴서 밝음을 엿보게 하려는 것이다.

주해 ▶▶▶ 開朦(개몽): 몽매함을 열어주는 것. •闚明(규명): 밝음을 엿보는 것.

불 매 야 장   피 권 도 장   우 생 사 장   막 지 정 법
不寐夜長하고 疲倦道長하며 愚生死長이니 莫知正法이라.

풀이 ▶▶▶ 잠 못 이루면 밤이 길고, 피곤하고 게으르면 길이 멀고, 어리석

은 사람에겐 생사가 길다. 그것은 바른 법을 모르기 때문이다.

치 의 상 명　　서 여 유 천
癡意常冥하여 逝如流川이라

재 일 행 강　　독 이 무 우
在一行彊하여 獨而無偶니라.

풀이 ▸▸▸ 어리석은 마음은 항상 어두워 가는 것이 흐르는 개울과 같다.
혼자 굳세게 행하여 그들과 더불어 짝하지 말라.

우 인 착 삭　　우 척 구 장
愚人着數하여 憂感久長이라

여 우 거 고　　어 아 유 원
與愚居苦하여 於我猶怨이라.

풀이 ▸▸▸ 어리석은 사람은 수(數)에 집착하여 근심과 슬픔이 오래 간다.
어리석은 자와 함께 있으면 괴로워서, 나 자신에 대해서도 오히려 원
망한다.

유 자 유 재　　우 유 급 급
有子有財하여 愚惟汲汲어라

아 차 비 아　　하 우 자 재
我且非我어든 何憂子財리오.

풀이 ▸▸▸ 자식이 있고 재물이 있다 하여도 어리석은 사람은 오직 이에

급급하지만, 이 '나'도 또한 '나'가 아니니, 무엇을 어찌 자식과 재물을
근심하랴.

주해 ▸▸▸ 汲汲(급급): 부지런하여 쉬지 않고 애쓰는 모양.

서 당 지 차　　한 당 지 차
暑當止此하고　寒當止此라

우 다 무 려　　막 지 내 변
愚多務慮나　莫知來變이니라.

풀이 ▸▸▸ 더울 때는 더운 대로 추울 때는 추운 대로 그런 대로 살아야
한다. 어리석은 사람은 걱정을 많이 하면서도 다가올 변화를 알지 못
한다.

우 몽 우 극　　자 위 아 지
愚朦愚極이나　自謂我智라

우 이 승 지　　시 위 극 우
愚而勝智를　是謂極愚니라.

풀이 ▸▸▸ 지극히 어리석고 몽매하면서도 스스로 자기는 지혜롭다고 한
다. 어리석으면서 지혜로움을 이기려는 것, 이것을 일컬어 지극히 어리
석다 하느니라.

주해 ▸▸▸ 勝智(승지): 지혜로움을 이기려 하는 것.

완 암 근 지　　여 표 짐 미
頑闇近智는 如瓢斟味하여

수 구 압 습　　　유 부 지 법
雖久狎習이라도 猶不知法이라.

풀이 ▶▶▶ 어두우면서 지혜에 가까이 하려는 것은 마치 국자로 국을 맛
보는 것 같아서 비록 오래도록 친하고 익힌다 하더라도 오히려 바른
법을 알지 못한다.

주해 ▶▶▶ 斟味(짐미): 맛을 짐작하는 것이니, 곧 맛보는 것. • 狎習(압습): 친
하고 익히는 것.

개 달 근 지　　여 설 상 미
開達近智는 如舌嘗味하여

수 수 유 습　　　즉 해 도 요
雖須臾習이라도 卽解道要니라.

풀이 ▶▶▶ 총명한 사람이 지혜에 가까이 하는 것은 마치 혀로 맛을 보는
것 같아서 비록 잠깐 사이에 익히고 배워, 곧 도(道)의 요점을 깨닫게
된다.

주해 ▶▶▶ 開達(개달): 지혜가 열려 사리에 통달한 사람. • 道要(도요): 도의 요
점, 또는 요체(要諦).

우 인 시 행　　위 신 초 환
愚人施行은 爲身招患하나니

쾌 심 작 악　　　자 치 중 앙
快心作惡하여 自致重殃이라.

풀이 ▶▶▶ 어리석은 사람이 하는 행동은 그 몸에 근심을 불러오나니, 유쾌한 마음으로 악을 행하여 스스로 무거운 재앙을 이룬다.

행 위 불 선　　퇴 견 회 린
行爲不善이면 退見悔悋하여

치 체 류 면　　보 유 숙 습
致涕流面하리니 報由宿習이니라.

풀이 ▶▶▶ 선하지 못한 일을 행하면 물러나서 뉘우치고 안타까워하여 눈물이 얼굴 위에 흐르게 되나니 묵은 습관에서 오는 갚음이니라.

주해 ▶▶▶ 悔悋(회린): 뉘우치고 안타까워하는 것. • 宿習(숙습): 묵은 습관.

행 위 덕 선　　진 도 환 희　　응 래 수 복　　희 소 열 습
行爲德善이면 進覩歡喜하고 應來受福이니 喜笑悅習이라.

풀이 ▶▶▶ 공덕(功德)과 선을 행하면 나아가 기쁨을 보고 복을 받나니, 좋은 습관에서 오는 기쁨과 웃음이다.

주해 ▶▶▶ 悅習(열습): 좋은 습관.

과 죄 미 숙　　우 이 염 담　　지 기 숙 처　　자 수 대 죄
過罪未熟이면 愚以恬淡이나 至其熟處하면 自受大罪니라.

풀이 ▶▶▶ 그릇된 죄가 아직 익지 아니하였으면 어리석은 자는 편안하고 고요하지만 그것이 익은 때에는 저절로 큰 죄를 받는다.

주해 ▶▶▶ 恬淡(염담): 편안하고 깨끗함.

우 소 망 처　　불 위 적 고
愚所望處를　不謂適苦나

임 타 액 지　　내 지 불 선
臨墮厄地라야　乃知不善이니라.

풀이 ▶▶▶ 어리석은 사람은 그들이 바라는 곳이 고통으로 가는 길은 아니라 하지만 재액(災厄)이 땅에 떨어지게 되어서야 비로소 선하지 않은 것임을 안다.

주해 ▶▶▶ 適苦(적고): 괴로움의 땅으로 가는 것.

우 준 작 악　　불 능 자 해
愚惷作惡하여　不能自解하며

앙 추 자 분　　죄 성 치 연
殃追自焚하여　罪成熾燃이라.

풀이 ▶▶▶ 어리석은 사람은 악을 행하면서도 능히 스스로 깨닫지 못하며, 재앙이 쫓아와 스스로를 불태워 그 죄는 불길처럼 왕성하게 된다.

주해 ▶▶▶ 熾燃(치연): 불길이 왕성하게 타오름.

우 호 미 식　　월 월 자 심
愚好美食하여　月月滋甚이라도

어 십 육 분　　미 일 사 법
於十六分에　未一思法이라.

풀이 ▶▶▶ 어리석은 사람은 맛좋은 음식을 좋아하여 다달이 점점 더 심해지면서도 16분(分)에 있어 1분도 법은 생각하지 않는다.

우 생 념 려　　　지 종 무 리
愚生念慮하여 至終無利하고

자 초 도 장　　　보 유 인 장
自招刀杖하여 報有印章이라.

풀이 ▶▶▶ 어리석은 사람은 아무리 생각해도 끝까지 이익 됨이 없고 스
스로 칼과 몽둥이를 불러 그 깊음에 반드시 표가 있느니라.

주해 ▶▶▶ 刀杖(도장): 칼과 몽둥이.

관 처 지 기 우
觀處知其愚하나니

불 시 이 광 구
不施而廣求하며

소 타 무 도 지
所墮無道智하고

왕 왕 유 악 행
往往有惡行이니라.

풀이 ▶▶▶ 처(處)하는 곳을 보면 당장 그 어리석음을 아나니, 베풀지도 아니하고, 널리 구하다가 도(道) 없는 지혜에 떨어지고 가끔은 나쁜 행에 빠지게 된다.

원 도 근 욕 자　위 식 재 학 명
遠道近欲者는 爲食在學名이라

탐 의 가 거 고　다 취 공 이 성
貪猗家居故로 多取供異姓이니라.

풀이 ▶▶▶ 도를 멀리하고 욕심을 가까이하는 사람은 먹는 것을 위해 배우는 사람이다. 집 살림을 탐하는 까닭에 많이 취하여 다른 성(姓)에게 공양(供養)한다.

주해 ▶▶▶ 家居(가거): 집에서 사는 것, 불문에 귀의하지 않고 혼탁한 세속에 연연해하는 것.

110

학 막 타 이 망　　막 작 가 사 문
學莫墮二望하고 莫作家沙門하라

탐 가 위 성 교　　위 후 자 궤 핍
貪家違聖敎하여 爲後自匱乏하리라.

풀이 ▸▸▸ 배움에 있어서 두 가지 욕망을 갖지 말고, 집 가진 중이 되지 말
라. 집을 탐하면 성인의 가르침을 어겨서 뒤에 스스로 가난하게 된다.

차 행 여 우 동　　단 령 욕 만 증
此行與愚同이 但令欲慢增이라

이 구 지 원 이　　구 도 의 역 이
利求之願異하고 求道意亦異니라.

풀이 ▸▸▸ 이런 행동은 어리석은 사람과 같이 다만 욕심과 교만을 더할
뿐이다. 이익을 구하는 소원이 다르고 도를 구하는 뜻도 또한 다르다.

주해 ▸▸▸ 欲慢(욕만): 욕심과 교만.

시 이 유 식 자　　출 위 불 제 자
是以有識者는 出爲佛弟子하여

기 애 사 세 습　　종 불 타 생 사
棄愛捨世習하여 終不墮生死니라.

풀이 ▸▸▸ 그래서 식견(識見)이 있는 사람은 집을 나와 부처님의 제자가
되어 애욕을 버리고 세속의 습관을 버려 마침내 생사의 굴레에 떨어지
지 않는다.

明哲品

명철품
깨달음을 통해 생사윤회의 고해를 벗어나야 한다

지혜로운 사람이 수행하여 도(道)로 나가고
법을 밝은 거울처럼 받들어 수행을 쌓으며,
깨달음을 통해 생사윤회의 고해를 벗어날 것을 권하고 있다.

명 철 품 자 　 　거 지 행 자
明哲品者는 擧智行者가

수 복 진 도 　 　법 위 명 경
修福進道하며 法爲明鏡이니라.

풀이 ▶▶▶ 명철품(明哲品)이란 행자의 지혜를 높여 복을 닦고 도에 나가
게 하여, 법(法)을 밝은 거울로 삼을 것을 권한 것이다.

주해 ▶▶▶ 擧(거): 권하다. • 行者(행자): 불도를 수행하는 사람, 주지승의 시자
(侍者)를 일컫기도 한다.

심 관 선 악　　심 지 외 기
深觀善惡하면 心知畏忌하니

외 이 불 범　　종 기 무 우
畏而不犯이면 終吉無憂니라.

풀이 ▶▶▶　선과 악을 깊이 관찰하면 마음으로 그 두렵고 꺼려할 바를 알
것이니, 그리하여 두려워할 바를 범하지 않으면 마침내 길하여 근심이
없으리라.

주해 ▶▶▶　畏忌(외기): 두려워하고 꺼려하는 것.

고 세 유 복　　염 사 소 행
故世有福하니 念思紹行이면

선 치 기 원　　복 록 전 승
善致其願하고 福祿轉勝이라.

풀이 ▶▶▶　그러므로 세상에 복 있는 자가 있으니, 그를 사모하여 그 행실
을 따르면, 그 소원은 잘 이룩되고 복록은 더욱 두터워진다.

주해 ▶▶▶　紹行(소행): 선한 사람의 행동을 그대로 따름.

신 선 작 복　　적 행 불 염　　신 지 음 덕　　구 이 필 창
信善作福하고 積行不厭하며 信知陰德이면 久而必彰이라.

풀이 ▶▶▶　선을 믿고 행하여 복을 만들고 선행 쌓기를 싫어하지 않으며,
음덕(陰德)을 믿고 알면 오랜 뒤에는 반드시 나타나리라.

주해 ▶▶▶　積行(적행): 선행을 쌓음. • 陰德(음덕): 남이 모르는 덕행, 숨은 덕행.

상 피 무 의　　　불 친 우 인
常避無義하고　不親愚人하며

사 종 현 우　　　압 부 상 사
思從賢友하고　狎附上士하라.

풀이 ▶▶▶　의리 없는 사람을 항상 피하고 어리석은 사람과 친하지 말며, 어진 벗을 생각해 따르고 뛰어난 인사(人士)를 가까이 하여 섬겨야 한다.

주해 ▶▶▶　狎附(압부): 친하여 따르는 것. • 上士(상사): 훌륭한 사람, 뛰어난 인사(人士).

회 법 와 안　　　심 열 의 청
喜法臥安하여　心悅意淸하니

성 인 연 법　　　혜 상 락 행
聖人演法하여　慧常樂行이라.

풀이 ▶▶▶　법을 좋아하면 몸이 편안하여 마음이 기쁘고 뜻이 맑으니 성인의 설법을 들어 그것을 항상 지혜롭게 즐거이 행하라.

주해 ▶▶▶　演法(연법): 법을 풀이해 설명하는 것.

인 인 지 자　　　재 계 봉 도　　　여 성 중 월　　　조 명 세 간
仁人智者는　齋戒奉道하여　如星中月하며　照明世間이니라.

풀이 ▶▶▶　어진 사람과 지혜로운 사람은 계율을 지키고 도를 받들어 마치 별들 속의 달처럼 세상을 밝게 비춘다.

주해 ▶▶▶　照明(조명): 비추어 밝히는 것.

궁 공 조 각　　　수 인 조 선
弓工調角하며 水人調船하고

재 장 조 목　　　지 자 조 신
材匠調木하며 智者調身이라.

풀이 ▶▶▶　활을 만드는 사람은 뿔을 다루며 물 사람은 배를 다루고 목수
는 나무를 다루며 지혜로운 사람은 자기 몸을 다룬다.

주해 ▶▶▶　弓工(궁공): 활을 만드는 장인. • 調角(조각): 뿔을 다듬는 것.

비 여 후 석　　　풍 불 능 이
譬如厚石을 風不能移하여

지 자 의 중　　　훼 예 불 경
智者意重하니 毀譽不傾이니라.

풀이 ▶▶▶　비유컨대 단단한 큰 돌을 바람이 능히 옮기지 못하는 것처럼
지혜로운 자의 뜻은 무거워 헐뜯거나 칭찬해도 기울지 않는다.

주해 ▶▶▶　毀譽(훼예): 헐뜯음과 칭찬하는 것.

비 여 심 연　　　징 정 청 명
譬如深淵이 澄靜淸明하여

혜 인 문 도　　　심 정 환 연
慧人聞道면 心淨歡然이라.

풀이 ▶▶▶　비유컨대 깊은 못이 맑고 고요하며 깨끗한 것처럼 지혜로운
이가 도를 들으면 마음이 깨끗하고 즐겁다.

대 인 체 무 욕　　재 소 소 연 명
大人體無欲하며 在所昭然明하고

수 혹 조 고 락　　불 고 현 기 지
雖或遭苦樂이라도 不高現其智니라.

풀이 ▶▶▶ 　대인은 몸에 욕심이 없어 가는 곳마다 세상을 밝게 비추고 비
록 괴로움과 즐거움을 만날지라도 잘난 체하며 그 지혜를 나타내지 않
는다.

주해 ▶▶▶ 　大人(대인): 덕이 높은 사람.

대 현 무 세 사　　불 원 자 재 국
大賢無世事하여 不願子財國하며

상 수 계 혜 도　　불 탐 사 부 귀
常守戒慧道하여 不貪邪富貴니라.

풀이 ▶▶▶ 　아주 현명한 사람은 세상일에 빠지지 않아 자식이나 재물이나
나라를 원치 않으며, 항상 지혜와 계율의 도를 지켜 그릇된 부귀를 탐
하지 않는다.

주해 ▶▶▶ 　邪富貴(사부귀): 불교에서는 욕심을 끊는 것을 정도(正道)로 하니,
사도(邪道)인 부귀로 풀이됨.

지 인 지 동 요　　비 여 사 중 수
智人知動搖를 譬如沙中樹라

다 유 지 구 강　　수 색 염 기 소
多有志求强이면 隨色染其素니라.

풀이 ▶▶▶ 지혜로운 사람은 동요가 마치 모래 가운데의 나무와 같음을 안다. 벗에 대하여 뜻이 굳세지 않으면 빛깔에 따라 그 흰 바탕을 물들인다.

주해 ▶▶▶ 動搖(동요): 흔들려 움직임, 생각이나 처지가 흔들림. /染其素 (염기소): 흰 바탕을 물들임.

세 개 몰 연　　　　선 극 도 안
世皆沒淵하며 鮮尅度岸이라

여 혹 유 인　　　　욕 도 필 분
如或有人하며 欲度必奔이라.

풀이 ▶▶▶ 세상 사람들은 모두 깊은 못에 빠져 능히 저 언덕에 이르기가 어렵다. 혹 어떤 사람이 있어도 건너가기 위해서 반드시 애를 쓸 뿐이다.

주해 ▶▶▶ 沒淵(몰연): 번뇌의 바다에 빠짐.

성 탐 도 자　　　　차 근 피 안
誠貪道者는 覽受正敎라

차 근 피 안　　　　탈 사 위 상
此近彼岸이니 脫死爲上이니라.

풀이 ▶▶▶ 성실하게 도를 구하는 사람은 바른 가르침을 보고 받아들인다. 이와 같이 피안에 가까이 가서 생사가 없는 해탈의 경지를 최상으로 한다.

단 오 음 법　　　정 사 지 혜
斷五陰法하고　靜思智慧하면

불 반 입 연　　　기 의 기 명
不反入淵하여　棄猗其明이니라.

풀이　▶▶▶　　오음(五陰)의 법을 끊고 고요히 지혜를 생각하면 다시 연못으로 빠져 들어가지 아니하여 그 밝음을 잃지 않는다.

주해　▶▶▶　　陰(오음): 쟁멸 변화하는 것을 종류별로 나눈 다섯 가지. 색온(色蘊), 수온(受蘊), 상온(想蘊), 행온(行蘊), 식온(識蘊). • 불반(不反): 들어가지 않는다, 여기서는 세속에 빠지지 않음을 뜻함.

억 제 정 욕   절 락 무 위
抑制情欲하고 絶樂無爲하여

능 자 증 제   사 의 위 혜
能自拯濟면 使意爲慧니라.

풀이 ▶▶▶ 정욕을 억제하고 끊어 무위(無爲)를 즐기면서 능히 스스로 자신을 구제하면 모든 번뇌를 지혜로 만드는 것이다.

주해 ▶▶▶ 無爲(무위): 아무것도 하지 않는 것, 인과(因果)관계의 속박에서 벗어난 적정(寂靜)의 세계.

학 취 정 지   의 유 정 도   일 심 수 체
學取正智하고 意惟正道하며 一心受諦하여

불 기 위 락   누 진 습 제   시 득 도 세
不起爲樂하면 漏盡習除하여 是得度世니라.

풀이 ▶▶▶ 배워서 바른 지혜를 얻고 뜻은 오직 바른 도를 생각하며, 한마음으로 진리를 받아들여 사악한 마음 일어나지 않음을 즐거움으로 삼으면, 번뇌가 끊어지고 습관을 없애서 이 세상의 고뇌를 건널 수 있느니라.

주해 ▶▶▶ 諦(체): 진리. • 不起(불기): 정욕을 일으키지 않음.

羅漢品

나한품

진리를 깨달은 사람은 항상 흔들림이 없다

나한이란 진리를 깨달은 성인을 뜻한다.
진리를 깨달아 도를 이룬 사람은 삿된 욕심이 없고 번뇌가 없기 때문에
그 마음은 언제나 조용하고 맑으며 흔들림이 없다.

나 한 품 자　　언 진 인 성
羅漢品者는 言眞人性이

탈 욕 무 저　　심 불 투 변
脫欲無著하여 心不渝變이니라.

풀이 ▶▶▶　나한품(羅漢品)이란 진인(眞人)이 성품을 말함이며, 욕심을
벗어나 집착이 없어서 마음이 변하지 아니함을 말한 것이다.

주해 ▶▶▶　羅漢(나한): 일체의 번뇌를 끊어서 진리를 깨달은 자, 아라한(阿羅
漢)의 약칭. • 眞人(진인): 진리를 깨달은 자, 도는 부처님.

거 리 우 환　　탈 어 일 체
去離憂患하여 脫於一切하며

박 결 이 해　　냉 이 무 난
縛結已解면 冷而無煖이니라.

풀이 ▶▶▶　근심과 걱정에서 멀리 떠나고 모든 것에서 벗어나서 번뇌의
속박이 풀리면 차고 더움을 초월하게 된다.

심 정 득 념　　무 소 탐 락
心淨得念하면 無所貪樂하고

이 도 치 연　　여 안 기 지
已度癡淵이니 如鴈棄池니라.

풀이 ▶▶▶　마음이 깨끗하여 생각이 고요하면 탐하거나 즐거워함이 없고,
이미 어리석음의 깊은 못을 건넜나니 마치 기러기가 더러운 물가를 떠
나는 것과도 같다.
주해 ▶▶▶　貪樂(탐락): 탐하거나 즐거워함. • 癡淵(치연): 어리석은 연못, 즉 미
혹의 세계.

양 복 이 식　　무 소 장 적
量腹而食하고 無所藏積하며

심 공 무 상　　도 중 행 지
心空無想이면 度衆行地니라.

풀이 ▶▶▶　마음껏 배를 헤아려 음식을 먹고 간직하여 쌓아둔 것이 없으
며, 마음이 비어서 잡된 생각 없으면 그는 온갖 행(行)의 땅을 이미 지
난 것이다.

여 공 중 조　　원 서 무 애
如空中鳥가　遠逝無礙하여

세 간 습 진　　불 복 앙 식
世間習盡이니　不復仰食이니라.

풀이 ▶▶▶ 마치 하늘을 나는 새가 멀리 가도 거리낌이 없는 것처럼 이 세상의 습관과도 인연이 모두 끊어진 것이니 다시 먹을 것을 우러러 보지 않는다.

허 심 무 환　　이 도 탈 처
虛心無患이면　已到脫處니

비 여 비 조　　잠 하 첩 서
譬如飛鳥가　暫下輒逝니라.

풀이 ▶▶▶ 마음을 비워 근심이 없으면 이는 이미 해탈의 경지에 도달한 것이니 비유컨대 이는 마치 나는 새가 잠시 내려왔다가 곧 가는 것과 같다.

주해 ▶▶▶ 脫處(탈처): 해탈의 경지.

제 근 종 지　　여 마 조 어
制根從止는　如馬調御라

사 교 만 습　　위 천 소 경
捨憍慢習이면　爲天所敬이니라.

풀이 ▶▶▶ 근(根)을 다스려 조용하게 함이 마치 말을 조련하듯 하여야 한다. 교만한 나쁜 버릇을 버리면 그것은 하늘이 공경하는바 된다.

주해 ▶▶▶ 根(근): 육근(六根)을 말함. •調御(조어): 길들여 타는 것.

불 노 여 지 　　부 동 여 산
不怒如地하고 不動如山이니

진 인 무 구 　　생 사 세 절
眞人無垢하여 生死世絶이라.

풀이 ▸▸▸ 성내지 않음이 땅과 같고 움직이지 않음이 산과 같으니 진인
(眞人)은 번뇌가 없어서 생사의 세계에서 벗어나도다.

심 이 휴 식 　　언 행 역 지
心已休息하고 言行亦止하여

종 정 해 탈 　　적 연 귀 멸
從正解脫하면 寂然歸滅이라.

풀이 ▸▸▸ 마음은 이미 고요하고 말과 행실이 또한 올바라 바른 도를 좇
아 해탈하면 조용하게 멸(滅)로 돌아간다.

주해 ▸▸▸ 滅(멸): 열반, 모든 번뇌에서 벗어난, 영원한 진리를 깨달은 경지.

기 욕 무 착 　　결 삼 계 장 　　　망 의 이 절 　　시 위 상 인
棄欲無着하고 缺三界障하여 望意已絶이면 是謂上人이라.

풀이 ▸▸▸ 욕심을 버려 집착이 없고 삼계의 장애가 없어 바라는 마음이
이미 끊어졌으면 이를 일컬어 상인(上人)이라 한다.

주해 ▸▸▸ 三界(삼계): 일체 중생이 생사 윤회하는 세 가지 세계. 즉 욕계·색
계·무색계임. 무색계는 정신적인 사유의 세계. •上人(상인): 지혜와 덕을 갖
춘 불제자.

재 취 재 야　　평 지 고 안
在聚若野하나　平地高岸이나

응 진 소 과　　막 불 몽 우
應眞所過에　莫不蒙祐니라.

풀이 ▶▶▶　마을에 있거나 혹은 들에 있거나, 평지에 있거나 높은 언덕에
있거나 깨달은 사람이 지나는 곳에 복을 받지 않음이 없다.

주해 ▶▶▶　應眞(응진): 진리에 응하는 사람, 깨달은 사람.

피 락 공 한　　중 인 불 능
彼樂空閑하니　衆人不能이라

쾌 재 무 망　　무 소 욕 구
快哉無望하니　無所欲求니라.

풀이 ▶▶▶　그가 텅 비고 고요한 곳을 좋아하는 것은 많은 사람들은 할 수
없는 일이다. 아! 즐겁도다! 바라는 것이 없으니 구하고자 하는 것 또
한 없다.

주해 ▶▶▶　空閑(공한): 텅 비고 고요한 것, 그 어떤 탐욕이나 고뇌가 담아 있지
않은 경지.

述千品

술천품
자신을 이기는 것이 가장 현명하다

글이나 경전의 말을 천 마디, 만 마디 읽더라도
그 뜻을 알지 못하고 그냥 외우면, 그것은 그 뜻을 잘 알고
실천하는 한 마디의 글보다도 더 나을 것이 없다.

술 천 품 자　시 학 자 경
述千品者는 示學者經이

다 이 불 요　불 여 약 명
多而不要면 不如約明이니라.

풀이 ▶▶▶ 술천품(述千品)이란 배우는 자가 경(經)을 많이 외워 요점을 얻
지 못하면 확실하게 조금 외워도 밝게 아는 것만 못하다.

주해 ▶▶▶ 不要(불요): 요점을 알지 못하는 것. • 約明(약명): 조금 외워도 밝게
아는 것.

수 송 천 언　　　구 의 부 정
雖誦千言이라도 句義不正이면

불 여 일 요　　　문 가 멸 의
不如一要를 聞可滅意니라.

풀이 ▶▶▶ 비록 천 마디 말을 외우더라도 글의 뜻을 바르게 알지 못하면
한 가지 이치를 잘 들어 뜻을 멸함만 못하다.

주해 ▶▶▶ 滅意(멸의): 욕심을 사라지게 하는 것.

수 송 천 언　　　불 의 하 익
雖誦千言이라도 不義何益이리오

불 여 일 의　　　문 행 가 도
不如一義라도 聞行可度니라.

풀이 ▶▶▶ 비록 천 마디를 외우더라도 뜻을 모르면 무슨 이익이 있으리
오. 단 한 가지라도 그 뜻을 바로 알고 듣고서 그대로 행하여 구제를 받
음만 못하다.

수 다 송 경　　　불 해 하 익
雖多誦經이라도 不解何益이리오

해 일 법 구　　　행 가 득 도
解一法句라도 行可得道니라.

풀이 ▶▶▶ 비록 많은 경전을 외우더라도 그 뜻을 모르면 무슨 이익이 있으
리오. 한 마디의 법구(法句)라도 바로 알고 행하면 가히 도를 얻으리라.

주해 ▶▶▶ 法句(법구): 불교 경문의 구절.

천 천 위 적   일 부 승 지
千千爲敵하며 一夫勝之라도

미 약 자 승   위 전 중 상
未若自勝하면 爲戰中上이라.

풀이 ▶▶▶ 백만 명을 적으로 삼아 한 사람이 이길지라도 만일 자신을 이기지 못한다면 전사 중에 으뜸이라 말할 수 없다.

자 승 최 현   고 왈 인 웅
自勝最賢하니 故曰人雄이라

호 의 조 신   자 손 지 종
護意調身하며 自損至終이라.

풀이 ▶▶▶ 자신을 이기는 것이 가장 현명한 것이므로 그런 사람을 일컬어 영웅이라 한다. 뜻을 지키고 몸을 조절하며 스스로 허물을 버리고 끝까지 간다.

주해 ▶▶▶ 自勝(자승): 자신과의 싸움에서 승리하는 것. • 人雄(인웅): 사람 가운데 으뜸인 영웅.

수 왈 존 천   신 마 범 석
雖曰尊天과 神魔梵釋이라도

개 막 능 승 자 승 지 인
皆莫能勝自勝之人이니라.

풀이 ▶▶▶ 비록 저 높은 하늘이나 신(神), 악마, 범천(梵天), 제석(帝釋)이라 하더라도, 모두 자신을 이기는 사람을 이기지는 못한다.

주해 ▸▸▸ 釋(석): 제석(帝釋), 즉 제석천(帝釋天)을 말하니, 범천왕(梵天王)과 더불어 불교의 수호신.

월 천 반 사　　　종 신 불 철
月千反祠하며 終身不輟이라도

불 여 수 유 일 심 념 법
不如須臾一心念法이라

일 념 조 복　　　승 피 종 신
一念造福이 勝彼終身이니라.

풀이 ▸▸▸ 한 달에 천 번이나 되풀이하여 몸이 마칠 때까지 제사 지내길 쉬지 아니하여도, 잠시나마 한 마음으로 법(法)을 생각함만 못하다. 한 생각으로 복을 짓는 것이 저 제사로 몸을 마치는 것보다 낫다.

주해 ▸▸▸ 反祠(반사): 반은 반복의 뜻이니, 즉 되풀이하여 제사 지냄.

수 종 백 세　　　봉 사 화 사
雖終百歲하여 奉事火祠라도

불 여 수 유 공 양 삼 존
不如須臾供養三尊이니라.

일 공 양 복　　　승 피 백 년
一供養福은 勝彼百年이니라.

풀이 ▸▸▸ 비록 백 년을 마칠 때까지 불을 받들어 섬길지라도 잠깐 동안 삼존(三尊)을 공양(供養)하느니만 못하다. 한 번의 공양하는 복도 저 백 년보다 낫다.

주해 ▶▶▶ 三尊(삼존): 아미타불(阿彌陀佛), 관세음보살(觀世音菩薩), 세지보살(勢至菩薩)의 세 부처님을 일컬음. • 供養(공양): 부처님 앞에 음식을 올리는 것.

제신이구복　　　종후관기보
祭神以求福하고 從後望其報나

사분미망일　　　불여예현자
四分未望一이니 不如禮賢者니라.

풀이 ▶▶▶ 신에게 제사하여 복을 구하고 뒤에 보답을 바라지만 4분(分)에서 1분도 바라지 못하나니 어진 이를 예배(禮拜)함만 못하다.

주해 ▶▶▶ 四分(사분): 복을 4분으로 보는 것.

능 선 행 예 절
能善行禮節하여

상 경 장 로 자
常敬長老者는

사 복 자 연 증
四福自然增하니

색 력 수 이 안
色力壽而安이니라.

풀이 ▶▶▶ 능히 예절과 선을 잘 행하여 항상 노인과 어른을 공경하는 자는 네 가지 복(福)이 자연히 불어나니, 그것은 얼굴빛이 좋고, 건강하고 장수하며 편안함을 누리게 된다.

주해 ▶▶▶ 長老(장로): 불교의 선종에서 절의 주지, 또는 화상(和尙)에 대한 경칭, 도가 높은 중. •四福(사복): 용모(色), 건강(力), 수명(壽), 평안(安).

약 인 수 백 세
若人壽百歲라도

원 정 부 지 계   불 여 생 일 일
遠正不持戒면   不如生一日이나

수 계 정 의 선
守戒正意禪이니라.

풀이 ▶▶▶ 만일 사람이 백 년을 살더라도 정도를 멀리하고 계율을 지키지 아니하면 하루를 살아도 계율을 지키고 뜻을 바르게 하며 선정(禪定)함만 못하다.

주해 ▶▶▶ 禪(선): 마음을 가다듬고 정신을 통일하여 번뇌를 끊고 진리를 깊이 생각하니 무아정적(無我靜寂)의 경지에 이름.

약 인 수 백 세　　　사 위 무 유 지　　불 여 생 일 일
若人壽百歲라도 邪僞無有智면 不如生一日이나

일 심 학 정 지
一心學正智니라.

풀이 ▶▶▶ 만일 사람이 백 년을 살더라도 삿되고 거짓되며 지혜 없이 산다면 하루를 살더라도 한 마음으로 바른 지혜를 배우면서 사는 것만 못하다.

약 인 수 백 세　　　해 태 부 정 진
若人壽百歲라도 懈怠不精進이면

불 여 생 일 일　　　면 력 행 정 진
不如生一日이나 勉力行精進이니라.

풀이 ▶▶▶ 사람이 백 년을 살더라도 게을러 정진(精進)하지 않으면 하루를 살아도 힘써 정진을 행함만 못하다.

약 인 수 백 세　　　부 지 성 패 사
若人壽百歲라도 不知成敗事면

불 여 생 일 일　　　견 미 지 소 기
不如生一日이나 見微知所忌니라.

풀이 ▶▶▶ 사람이 백 년을 살더라도 일의 성패(成敗)를 알지 못하면, 하루를 살아도 기미(幾微)를 보아 피할 바를 아느니만 못하다.

주해 ▶▶▶ 微(미): 기미. • 忌(기): 기피(忌避)하는 것.

약 인 수 백 세   불 견 감 로 도
若人壽百歲라도 不見甘露道면

불 여 생 일 일   복 행 감 로 미
不如生一日이나 服行甘露味니라.

풀이 ▶▶▶ 사람이 백 년을 살더라도 감로(甘露)의 도를 알지 못하면 하루를 살아도 감로의 맛을 복행(服行)함만 못하다.

주해 ▶▶▶ 甘露道(감로도): 부처님의 길을 단 이슬에 비유한 말임.

약 인 수 백 서   부 지 대 도 의
若人壽百歲라도 不知大道義면

불 여 생 일 일   학 추 불 법 요
不如生一日이나 學推佛法要니라.

풀이 ▶▶▶ 사람이 백 년을 살더라도 큰 도의 이치를 모른다면 단 하루를 살더라도 불법의 요점을 알면서 사는 것만 못하다.

주해 ▶▶▶ 大道(대도): 불도, 곧 부처님의 길. • 法要(법요): 부처님의 가르침 중 요긴하고 주요한 점.

惡行品

악행품

악행을 하지 않으면 아무런 근심이 없다

악한 사람과 사귀게 되면 자기도 모르는 사이에 악하게 된다는 것을 말하고 있다.
악행을 하면 늘 근심이 따르지만, 악행을 하지 않으면 아무런 근심도 없다는 것을 잘 설하고 있다.

악 행 품 자　　감 절 악 인
惡行品者는 感切惡人이면

동 유 죄 보　　불 행 무 환
動有罪報하고 不行無患이니라.

풀이 ▶▶▶　악행품(惡行品)이란 악한 사람에게 물들면, 움직임마다 죄의
과보를 받고 그렇게 하지 않으면 근심이 없음을 말한 것이다.

주해 ▶▶▶　感切(감절): 감화되어 절실해지다, 즉 물든다는 뜻. • 動有(동유): 움
직일 때마다. • 罪報(죄보): 죄의 갚음. • 無患(무환): 근심이 없다.

견 선 부 종　　　반 수 악 심
見善不從이면 反隨惡心하고

구 복 부 정　　　반 락 사 음
求福不正이면 反樂邪婬이라.

풀이 ▸▸▸ 선을 보고도 따르지 않으면 반대로 나쁜 마음을 따르게 되고
복을 구하면서도 부정을 일삼으면 도리어 삿된 음욕을 즐기게 된다.

주해 ▸▸▸ 隨惡心(수악심): 나쁜 마음을 따르다.

범 인 위 악　　　불 능 자 각
凡人爲惡이라도 不能自覺이라

우 치 쾌 의　　　금 후 울 독
愚癡快意면 今後鬱毒이라.

풀이 ▸▸▸ 무릇 사람들은 악을 행하고도 능히 스스로 깨닫지 못한다. 어
리석은 자가 뜻을 기쁘게 하면 결국 뒤에 악독(惡毒)을 쌓게 된다.

주해 ▸▸▸ 鬱毒(울독): 악독이 쌓임.

흉 인 행 학　　　침 점 삭 삭　　　쾌 욕 위 지　　죄 보 자 연
兇人行虐하고 沈漸數數하여　快欲爲之은 罪報自然이니라.

풀이 ▸▸▸ 흉한 사람이 모진 짓을 행하고 이를 자주 되풀이하여 욕심을
이루기를 즐겁게 여기는 자에게 죄의 응보는 당연한 것이다.

주해 ▸▸▸ 沈漸(침점): 마음이 거기에 빠져서 벗어나지 못하는 것. • 數數(삭
삭): 자주 되풀이 하는 것. • 兇人(흉인): 흉(兇)한 사람.

길 인 행 덕   상 수 적 증
吉人行德하고 相隨積增하여

감 심 위 지   복 응 자 연
甘心爲之면 福應自然이니라.

풀이 ▶▶▶ 길한 사람이 덕을 행하고 덕을 따라 적선을 더욱 더하여 달가
운 마음으로 이를 행하면 복의 보응은 당연한 것이다.

주해 ▶▶▶ 吉人(길인): 선행을 하는 길한 사람. • 報應(보응): 인과에 따라 선악
이 대갚음됨.

요 얼 견 복   기 악 미 숙
妖孽見福은 其惡未熟이니

지 기 악 숙   자 수 죄 학
至其惡熟이면 自受罪虐이니라.

풀이 ▶▶▶ 요사한 사람이 복을 받는 것은 그 악이 아직도 무르익지 않기
때문이다. 만일 그 악이 익게 되면 스스로 그 죄의 벌을 받게 된다.

주해 ▶▶▶ 妖孽(요얼): 요망스러운 첩의 자식, 즉 악한 사람. 요사하고 간악한
사람. • 罪虐(죄학): 죄의 재앙.

정 상 견 화   기 선 미 숙
禎祥見禍는 其善未熟이니

지 기 선 숙   필 수 기 복
至其善熟이면 必受其福이니라.

풀이 ▶▶▶ 올바르고 착한 사람이 화를 당하는 것은 그 선이 아직 무르익

지 않았기 때문이다. 결국 그 선이 다 익으면 반드시 그 복을 받게 된다.

주해 ▶▶▶ 禎祥(정상): 마음이 곧고 착한 것.

격 인 득 격　　　행 원 득 원

擊人得擊하고 行怨得怨하며

매 인 득 매　　　시 노 득 노

罵人得罵하고 施怒得怒니라.

풀이 ▶▶▶ 남을 때리면 남도 나를 때리고, 남을 원망하면 남도 나를 원망하며, 남을 욕하면 남도 나를 욕하고, 남에게 성내면 남도 내게 성을 낸다.

세 인 무 문　　　부 지 정 법　　　생 차 수 소　　　하 의 위 악

世人無聞하여 不知正法이라 生此壽少거늘 何宜爲惡이라.

풀이 ▶▶▶ 세상 사람들은 들음이 없어 바른 법(法)을 알지 못한다. 이 세상에 나서 수명도 짧은데 어찌 마땅히 악을 행하랴.

주해 ▶▶▶ 無聞(무문): 부처님의 말씀을 들음이 없다.

막 경 소 악　　　이 위 무 앙

莫輕小惡하여 以爲無殃하라

수 적 수 미　　　점 영 대 기　　　범 죄 충 만　　　종 소 적 성

水滴雖微나 漸盈大器하나니 凡罪充滿은 從小積成이니라.

풀이 ▶▶▶ 작은 악이라도 가벼이 여겨 재앙이 없다 하지 말라. 비록 물방

울이 적어도 모이면 큰 그릇을 채우나니, 무릇 모든 죄가 충만해지는 것은 적은 것이 쌓여서 이루어진다.

주해 ▶▶▶ 滴(적): 물방울. • 雖(수): 비록, 하물며.

막 경 소 선　　이 위 무 복
莫輕小善하여 以爲無福하라

수 적 수 미　　점 영 대 기
水滴雖微나 漸盈大器하나니

범 복 충 만　　종 섬 섬 적
凡福充滿은 從纖纖積이니라.

풀이 ▶▶▶ 작은 선이라고 가벼이 여겨 복이 없다 하지 말라. 비록 물방울이 적어도 모이면 큰 그릇을 채우나니, 무릇 모든 복이 충만해지는 것은 극히 미세한 것이 쌓여서 이루어진다.

주해 ▶▶▶ 纖纖(섬섬): 극히 가는 것, 곧 극히 미세한 것.

부 사 위 행　　호 지 여 악
夫士爲行에 好之與惡를

각 자 위 신　　종 불 패 망
各自爲身이면 終不敗亡이니라.

풀이 ▶▶▶ 사람이 행동함에 있어 좋아함과 미워함이 각각 스스로의 몸을 위하면 마침내 패망하지 않는다.

호 취 지 사　　자 이 위 가
好取之士는 自以爲可이나

몰 취 피 자　　인 역 몰 지
沒取彼者는 人亦沒之니라.

풀이 ▸▸▸ 남의 것 가지기를 좋아하는 사람은 스스로 옳다고 생각하지만, 남의 것을 뺏으면 남도 또한 내 것을 뺏는다.

주해 ▸▸▸ 好取(호취): 취하기를 좋아하는 것. • 沒取 (몰취): 빼앗는 것.

악 부 즉 시　　여 구 우 유
惡不卽時가 如搆牛乳라

죄 재 음 사　　여 회 부 화
罪在陰伺가 如灰覆火니라.

풀이 ▸▸▸ 악의 갚음이 당장 나타나지 않는 것은 마치 우유를 짜는 것과 같다. 죄가 그늘에서 엿봄은 마치 재로 숯불덩이를 덮은 것과 같다.

희 소 위 악　　이 작 신 행
戱笑爲惡이니 以作身行이면

호 읍 수 보　　수 행 죄 지
號泣受報하며 隨行罪至니라.

풀이 ▸▸▸ 희롱하는 웃음은 악이 되나 그것을 제 몸으로 행하면 울부짖으며 갚음을 받게 되고 그 행함에 따라 죄과를 받는다.

주해 ▸▸▸ 戱笑(희소): 희롱하고 우스갯소리를 하는 것, 실없는 장난.

작 악 불 복　　여 병 소 절
作惡不覆을 如兵所截하라

견 왕 내 지　　이 타 악 행
牽往乃知라도 已墮惡行하여

후 수 고 보　　여 전 소 습
後受苦報가 如前所習이니라.

풀이 ▸▸▸ 악을 행하였거든 덮어두지 말기를 마치 병기(兵器)에 몸을 베인 것처럼 하라. 끌려가서 비로소 알았더라도 이미 악행(惡行)에 떨어져 뒤에 가서 고통의 갚음을 받는 것이 전에 익힌 습관과 같으니라.

주해 ▸▸▸ 牽往(견왕): 끌리어 가는 것.

여 독 마 창　　　　선 입 회 복
如毒摩瘡하고　船入洄澓하며

악 행 유 연　　　　미 불 상 극
惡行流衍이면　靡不傷剋이라.

풀이 ▶▶▶ 마치 독한 약으로 부스럼을 문지르는 것처럼, 배가 소용돌이
에 들어간 것처럼, 악행이 흘러 퍼지면 다치지 않는 것이 없다.

주해 ▶▶▶ 洄澓(회복): 물이 돌아 흐르는 소용돌이. • 傷剋(상극): 상해(傷害),
즉 다치게 하여 해를 입힘.

가 악 무 망 인　　　　청 백 유 불 오
加惡誣罔人이라도　清白猶不汚니라

우 앙 반 자 반　　　　여 진 억 풍 분
愚殃反自及하니　如塵逆風坌이니라.

풀이 ▶▶▶ 악을 더하여 무고한 사람을 속일지라도 맑고 깨끗하면 오히려
더럽히지 못한다. 어리석은 재앙은 도리어 제 몸에 미치나니, 마치 티
끌이 바람을 거슬러 모임과 같다.

주해 ▶▶▶ 愚殃(우앙): 어리석음에서 오는 재앙.

과 실 범 비 악　　　　능 추 회 위 선
過失犯非惡이라도　能追悔爲善이니

시 명 조 세 간　　　　여 일 무 운 예
是明照世間하여　如日無雲曀이니라.

풀이 ▶▶▶ 잘못으로 좋지 못한 악을 범했더라도 능히 뒤따라 뉘우치면

선이 되는 것이니 이렇게 하면 밝게 세상을 비추어서 마치 해가 구름
에 가려지지 않은 것과 같을 것이다.

주해 ▶▶▶ 非惡(비악): 비리와 악, 그릇된 일과 악행. • 追悔(추회): 추후에 뉘
우침. • 雲瞖(운예): 그름이 낌.

부 사 소 이 행   연 후 신 자 견
夫士所以行은 然後身自見이니

위 선 즉 득 선   위 악 즉 득 악
爲善則得善하고 爲惡則得惡이니라.

풀이 ▶▶▶ 사람이 무슨 일을 행하는 것은, 그런 뒤에야 그것을 제 몸에서
보나니, 선을 행하면 선의 응보를 얻고 악을 행하면 악의 응보를 얻는다.

유 식 타 포 태   악 자 입 지 옥
有識墮胞胎하고 惡者入地獄하며

행 선 상 승 천   무 위 득 니 원
行善上昇天하고 無爲得泥洹이니라

풀이 ▶▶▶ 식(識)이 있으면 포태(胞胎)에 떨어지고 악한 자는 지옥에 들
어가고, 선을 행하면 하늘에 오르고, 무위(無爲)를 하면 이원(泥洹)을 얻
는다.

주해 ▶▶▶ 識(식): 사물에 대한 의식을 말함. • 胞胎(포태)에 떨어지고: 잉태,
여기서는 태내에 들어간다는 뜻. • 無爲(무위): 아무것도 함이 없음을 말하니,
인연에 대한 조작이 없음을 뜻함 • 泥洹(이원): 열반.

비 공 비 해 중　　비 은 산 석 간
非空非海中이며 非隱山石間이니

막 능 어 차 처　　피 면 숙 악 앙
莫能於此處에 避免宿惡殃이니라.

풀이 ▶▶▶ 허공도 아니고 바닷속도 아니며 깊은 산 바위 사이에 숨는 것
도 아니니, 능히 이런 곳에도 숨을 수 없으니 묵은 악의 재앙을 피하거
나 면할 수 없도다.

중 생 유 고 뇌　　부 득 면 노 사
衆生有苦惱하여 不得免老死이라

유 유 인 지 자　　불 념 인 비 악
唯有仁智者하여 不念人非惡이니라.

풀이 ▶▶▶ 중생은 고뇌가 있어, 늙고 죽음을 면할 수 없다. 오직 어질고
지혜 있는 자만이 남의 비리나 악을 생각하지 않는다.

刀杖品

도장품
남을 해쳐서는 안 된다

사람들에게 자비로움과 어진 마음의 좋은 점을 가르쳐, 남을 해치거나
괴롭히는 일 없이 착하게 살도록 인도하는 장이다.

도 장 품 자 　 교 습 자 인 　 무 행 도 장 　 적 해 중 생
刀杖品者는 教習慈仁하여 無行刀杖으로 賊害衆生이니라.

풀이 ▶▶▶ 도장품(刀杖品)이란 자비와 어짊을 가르쳐 칼과 몽둥이로 중생
을 해치지 않음을 가르치는 것이다.

주해 ▶▶▶ 刀杖(도장): 칼과 형벌에 쓰이는 몽둥이. • 賊害(적해): 남을 해치는 것.

일 체 개 구 사 　 막 불 외 장 통
一切皆懼死하여 莫不畏杖痛이라

서 기 가 위 비 　 물 살 물 행 장
恕己可爲譬하여 勿殺勿行杖하리.

풀이 ▶▶▶ 모든 것은 다 죽음을 두려워하여, 몽둥이의 아픔을 겁내지 않

는 자 없다. 내 자신을 용서하는 것처럼 남을 죽이지 말고 매질하지 말라.

주해 ▶▶▶ 杖痛(장통): 몽둥이로 매질하는 아픔. • 恕己(서기): 자기를 용서하는 것. • 爲譬(위비): 비유로 삼는 것.

능 상 안 군 생　　　불 가 제 초 독
能常安群生하여　不加諸楚毒하면

현 세 불 봉 해　　　후 세 장 안 은
現世不逢害하고　後世長安隱이니라.

풀이 ▶▶▶ 능히 모든 사람을 편안케 하여 어떤 괴로움도 가하지 않으면 현세에서 남의 박해를 받지 않고 후세에서도 길이 안온하리라.

주해 ▶▶▶ 群生(군생): 중생. • 楚毒(초독): 쓰라린, 심한 고통. • 安隱(안은): 조용하고 편안함.

부 당 추 언　　　언 당 외 보
不當麤言하며　言當畏報하라

악 왕 화 래　　　도 장 귀 구
惡往禍來니　刀杖歸軀니라.

풀이 ▶▶▶ 말을 거칠게 하지 말며 말할 때는 마땅히 응보를 두려워하라. 악이 가면 재앙이 오나니 칼과 몽둥이가 몸에 돌아오리라.

주해 ▶▶▶ 麤言(추언): 말을 거칠게 하는 것. • 歸軀(귀구): 내 몸에 돌아옴.

출 언 이 선　　　여 고 종 경
出言以善이면　如叩鐘磬하여

신 무 론 의 　 도 세 즉 이
身無論議하고 度世則易니라.

풀이 ▶▶▶ 말을 착하게 하면 마치 종소리나 경(磬)소리와 같아 신상에 말썽이 없고 세상 살기가 쉽다.

주해 ▶▶▶ 出言(출언): 입에서 말을 꺼내는 것.

구 장 양 선 　 망 참 무 죄
歐杖良善하고 妄讒無罪면

기 앙 십 배 　 재 신 무 사
其殃十倍하고 災迅無赦니라.

풀이 ▶▶▶ 어질고 착한 이를 매질하고 거짓으로 죄 없는 이를 참소하면 그 재앙이 열 곱절이 되고 그 화가 빨리 닥쳐서 용서가 없다.

주해 ▶▶▶ 歐杖(구장): 매질하는 것. • 災迅(재신): 재앙이 빨리 닥침.

생 수 혹 통 　 형 체 훼 절
生受酷痛하여 形體毀折하여

자 연 뇌 병 　 실 의 황 홀
自然惱病하고 失意恍惚이라.

풀이 ▶▶▶ 살아서 혹독한 고통을 받아 몸이 허물어지고 부수어져 자연히 괴로운 병에 걸리고 실의(失意)에 빠져 황홀하게 된다.

주해 ▶▶▶ 酷痛(혹통): 혹독한 고통. • 惱病(뇌병): 고뇌 때문에 병듦. • 毀折(훼절): 부딪치어 꺾임. • 恍惚(황홀): 사물에 마음이 팔려 정신이 어지러움, 미묘해 헤아리기 어려움.

인 소 무 구　　　　혹 현 관 액　　　재 산 모 진　　　친 척 이 별
人所誣咎하거나 或懸官厄하며 財産耗盡하고 親戚離別이라.

풀이 ▶▶▶ 혹은 사람들이 무고한 허물을 입거나 또는 관청의 액을 당하며, 재산이 모두 없어지고 친척과도 이별하게 된다.

주해 ▶▶▶ 誣咎(무구): 무함하여 허물하는 것, 없는 허물까지 꾸며서 비방하는 것, 관청에 잡혀가 문초를 당함. • 懸官厄(현관액): 관가에서 받는 액운.

사 택 소 유　　　재 화 분 소
舍宅所有는 災火焚燒하고

사 입 지 옥　　　여 시 위 십
死入地獄하며 如是爲十이니라.

풀이 ▶▶▶ 집에 있는 물건은 화재로 모두 타 버리고 죽으면 지옥에 들어가며, 이같이 벌이 열 가지가 된다.

수 라 전 발　　　장 복 초 의
雖裸剪髮하고 長服草衣하고

목 욕 거 석　　　내 치 결 하
沐浴踞石이라도 奈癡結何리오.

풀이 ▶▶▶ 비록 알몸으로 머리를 깎고, 긴 풀옷을 입고 목욕하고 돌 위에 걸터앉더라도 그 어리석음의 번뇌를 어찌하리오.

주해 ▶▶▶ 剪髮(전발): 머리를 깎는 것. • 草衣(초의): 속세를 떠나 숨어사는 사람의 의복. • 癡結(치결): 어리석음에서 오는 번뇌.

불 벌 살 소   역 불 구 승
不伐殺燒하고 亦不求勝하여

인 애 천 하   소 적 무 원
仁愛天下면 所適無怨이니라.

풀이 ▶▶▶ 치고 죽이고 불태우지 않고, 또한 남을 이기려 하지 않으며, 천하의 모든 사람을 사랑한다면 이르는 곳마다 원망이 없다.

주해 ▶▶▶ 不伐(불벌): 공격하여 쳐부수지 않음.

세 당 유 인   능 지 참 괴   시 명 유 진   여 책 량 마
世黨有人하여 能知慚愧면 是名誘進이니 如策良馬리라

여 책 선 마   진 도 능 원
如策善馬하여 進道能遠하리라.

풀이 ▶▶▶ 세상에 혹시 능히 부끄러움을 아는 사람이 있다면 이는 일컬어 유진이라 하나니, 마치 좋은 말에 채찍질하는 것 같으리라. 좋은 말에 채찍을 더하듯 도(道)에 나아감이 능히 장구할 것이다.

주해 ▶▶▶ 慚愧(참괴): 부끄러워, 부끄럽게 여김. • 誘進(유진): 유도하여 도에 나아감.

인 유 신 계   정 의 정 진   수 도 혜 성   편 멸 중 고
人有信戒는 定意精進하여 受道慧成하면 便滅衆苦니라.

풀이 ▶▶▶ 믿음이 있고 계율을 지키는 사람이 마음을 정하고 정진하여 도를 받들어 지혜가 성취되면 온갖 괴로움을 없앨 수 있다.

자 엄 이 수 법　　감 손 수 정 행
自嚴以修法하고　減損受淨行하여

장 불 가 군 생　　시 사 문 도 인
杖不加群生이면　是沙門道人이니라.

풀이 ▸▸▸ 　스스로 엄하게 법을 닦음으로써 번뇌를 멸하고 깨끗한 행실을 본받아서 중생에게 매를 가하지 않으면 이가 바로 사문(沙門)의 도인이다.

주해 ▸▸▸ 　沙門(사문): 불문(佛門). • 道人(도인): 도가 높은 사람, 본디 중을 일컬었는데, 뒤에 도가(道家)에서 썼기에 불가에서는 쓰지 않는다.

무 해 어 천 하　　종 신 불 우 해
無害於天面下　終身不遇害하고

상 자 어 일 체　　숙 능 여 위 원
常慈於一切면　孰能與爲怨이리오.

풀이 ▸▸▸ 　천하에 해를 끼침이 없으면 평생토록 해로움을 만나지 않고, 항상 모든 것에 자비로우면 누가 능히 그의 원수가 되리오.

주해 ▸▸▸ 　一切(일체): 모든 중생.

老耗品

노모품

늙어서 뉘우쳐도 소용이 없다

인생의 무상함과 덧없음을 말한다. 어제의 소년이 어느새 어른이 되어 늙고, 병
들어 죽게 되는 것이 인생이다. 꿈같이 지나는, 화살같이 지나가는 것이 인생인데,
한 치의 시간도 아껴서 열심히 도를 닦아 바른 깨달음을 얻어 해탈에 이르도록 힘써야 됨을 가르친다.

노 모 품 자   회 인 근 륵
老耗品者는 誨人懃仍하여

불 여 명 경   노 회 하 익
不與命競이면 老悔何益이니라.

풀이 ▶▶▶ 노모품(老耗品)이란 사람에게 은근히 권하되, 부지런히 힘써
목숨과 다투어 쓰지 않으면 늙어서 뉘우쳐도 소용이 없다는 것을 말한
것이다.

주해 ▶▶▶ 懃仍(근륵): 부지런히 힘씀. • 不與命競(불여명경): 목숨과 다투지
않음.

하 회 하 소　　　명 상 치 연
何喜何笑리오 命常熾然인데

심 폐 유 명　　　여 불 구 정
深蔽幽冥이니 如不求錠이라.

풀이 ▶▶▶ 무엇을 기뻐하고 무엇을 웃으랴. 목숨은 항상 불타고 있는데.
깊고 그윽한 어둠 속에 덮여 있으니 촛불을 구함만 같지 못하다.

주해 ▶▶▶ 熾然(치연): 왕성하게 불타는 것. • 幽冥(유명): 그윽하고 어두운
것. • 錠(정): 촛대, 촛불, 신선로, 제기이름.

견 신 형 범　　　의 이 위 안
見身形範하고 倚以爲安이나

다 상 치 병　　　기 시 비 진
多想致病하니 豈知非眞이라.

풀이 ▶▶▶ 내 몸의 형상을 보고 그것을 의지해 편안하다 하지만 많은 생
각은 병을 이루나니 그것이 진실 아님을 어찌 알겠는가.

주해 ▶▶▶ 形範(형범): 형상.

노 즉 색 쇠　　　병 무 팔 택
老則色衰하고 病無光澤하며

피 완 기 축　　　사 명 근 촉
皮緩肌縮하여 死命近促이라.

풀이 ▶▶▶ 늙으면 몸도 쇠하고 병들면 광택이 없어진다. 피부는 늘어지
고 살은 쭈그러져, 죽음이 목숨을 재촉한다.

신 사 신 도　　여 어 기 거
身死神徙면 如御棄車이라

육 소 골 산　　신 하 가 호
肉消骨散이니 身何可恃리오.

풀이 ▶▶▶ 몸이 죽고 정신이 떠나면 마치 수레를 버리는 것 같다. 살은 썩고 뼈가 흩어지니 몸을 어찌 믿으리오.

주해 ▶▶▶ 神徙(신도): 정신이 몸에서 떠나버림.

신 위 여 성　　골 간 육 도　　생 지 노 사　　단 장 에 만
身爲如城하여 骨幹肉塗니라 生至老死에 但藏恚慢이니라.

풀이 ▶▶▶ 몸은 성(城)과 같아서 뼈의 줄기에 살을 바른 것이다. 태어나 늙어 죽기까지 다만 성냄과 교만을 간직했을 뿐이로다.

주해 ▶▶▶ 恚慢(에만): 성냄과 교만함.

노 즉 형 변　　유 여 고 차　　법 능 제 고　　의 이 륵 학
老則形變하여 喩如故車니라 法能除苦하나니 宜以仂學이니라.

풀이 ▶▶▶ 몸은 늙으면 모양이 변하여 마치 낡은 수레와 같다. 법만이 능히 괴로움을 없애나니 마땅히 힘써 배워야 한다.

주해 ▶▶▶ 故車(고차): 헌 수레. • 仂學(늑학): 배움에 힘쓰다.

인 지 무 문　　노 약 특 우
人之無聞이면 老若特牛니

단 장 기 비　　무 유 복 혜
但長肌肥하고 無有福慧니라.

풀이 ▶▶▶ 사람이 진리의 말을 듣지 않으면 늙어서 수소와 같이 되나니
다만 작아지고 살이 찔 뿐이니 복이나 지혜는 없다.

주해 ▶▶▶ 無聞(무문): 진리의 말을 듣지 않음. • 特(특): 수컷, 수소.

생 사 무 료　　왕 래 간 난
生死無聊면 往來艱難이라

의 의 탐 신　　생 고 무 단
意倚貪身하면 生苦無端이니라.

풀이 ▶▶▶ 나고 죽음이 까닭이 없으면 가고 옴이 어렵다. 마음으로 몸을
의지하고 탐하면 살아가는 괴로움이 끝없다.

주해 ▶▶▶ 無聊(무료): 지루하고 심심함, 일없이 심심함. • 艱難(간난): 힘들고
고생이 됨. • 倚(의): 의지하다, 기댐.

혜 이 견 고　　시 고 기 신
慧以見苦하고 是故棄身이라

멸 의 단 행　　애 진 무 생
滅意斷行하며 愛盡無生이니라.

풀이 ▶▶▶ 지혜로써 괴로움을 보고 그리하여 육신을 버린다. 뜻을 멸하
고 행을 끊으며 애욕이 다하면 생사는 없어진다.

불 수 범 행　　우 불 부 재
不修梵行하고 又不富財면

노 여 자 로　　수 사 공 지
老如白鷺가 守伺空池니라.

풀이 ▶▶▶ 범행(梵行)을 닦지 않고 또 부귀와 재산도 모으지 아니하였으면 늙어서는 마치 백로처럼 빈 땅을 노리며 엿보는 것과 같다.

주해 ▶▶▶ 梵行(범행): 음욕을 끊은 맑고 깨끗한 행실. /富財 (부재): 재산을 모으는 것. • 伺(사): 엿보다, 몰래 기회를 노리다.

기 불 수 계　　우 불 적 재
旣不守戒하고 又不積財하며

노 리 기 갈　　사 고 하 체
老羸氣竭하면 思故何逮니오.

풀이 ▶▶▶ 이미 계율도 지키지 않았고 또 재물도 모으지 못하였으며 늙고 쇠약하여 기운이 다하면 옛일을 생각한들 어찌 미치리오.

주해 ▶▶▶ 老羸(노리): 늙고 쇠약함. • 氣竭(기갈): 기운이 다함.

노 여 추 엽　　행 예 감 록
老如秋葉하여 行穢鑑錄이리오

명 질 탈 지　　불 용 후 회
命疾脫至니 不用後悔리오.

풀이 ▶▶▶ 늙으면 마치 가을의 나뭇잎과 같아서 어찌 그 더럽고 이지러짐을 형용하리오. 목숨은 병들어 곧 떠나게 되리니, 또한 후회한들 무

엇 하리오.

주해 ▶▶▶ 鑑錄(감록): 밝게 기록함, 형용함. • 疾脫(질탈): 병들어 벗어나다,
즉 죽다.

명 욕 일 야 진　　　급 시 가 근 력
命欲日夜盡하니 及時可勲力이니라

세 간 체 비 상　　　막 혹 타 명 중
世間諦非常하니 莫惑墮冥中하라.

풀이 ▶▶▶ 목숨은 주야로 끊어지려 하나니 미칠 때 은근히 힘씀이 옳도
다. 이 세상을 살펴보면 분명히 덧없으니, 미혹하여 어둠 속에 떨어지
지 말라.

당 학 연 의 등　　　자 련 구 지 혜
當學燃意燈하여 自練求智慧하라

이 구 물 염 오　　　집 촉 관 도 지
離垢勿染汚하며 執燭觀道智하라.

풀이 ▶▶▶ 마땅히 마음의 등불 켜기를 배워서 스스로 단련하며 지혜를
구하라. 더러움에 물들지 말 것이며, 촛불을 들고 도(道)의 땅을 살펴보
아라.

주해 ▶▶▶ 燃意燈(연의등): 마음의 등불을 켜다 • 染汚(염오): 더러움에 물듦.

愛身品

애신품

내 몸을 제일로 삼아야 한다

진실로 자신의 몸을 사랑하고 아끼는 사람은 부처님의 가르침을 배워서 죄를 멸하고,
모든 번뇌 망상에서 벗어나 복을 얻는 사람이다.

애 신 품 자 　 소 이 권 학 　 종 유 익 기 　 멸 죄 흥 복
愛身品者는 所以勸學이　終有益己하고　滅罪興福이니라.

풀이 ▶▶▶ 　애신품(愛身品)이란 배우기를 권하는 까닭이 마침내 자기에게
이익이 있고 죄를 멸하고 복이 일어남을 말하는 것이다.

주해 ▶▶▶ 　益己(익기): 제 몸을 이익 되게 하는 것.

자 애 신 자 　 신 호 소 수 　 회 망 욕 해 　 학 정 불 매
自愛身者는　愼護所守하며　希望欲解는　學正不寐니라.

풀이 ▶▶▶ 　제 몸을 사랑하는 자는 지켜야 할 바를 삼가 지키며, 깨달음을
바라는 자는 바른 도를 배워 쉬지 않는다.

주해 ▶▶▶ 　愼護(신호): 삼가 보호함. • 希望(희망): 바라는 것.

위 신 제 일　　　상 자 면 학　　　이 내 회 인　　　불 권 즉 지
爲身第一이니 常自勉學라고 利乃誨人하여 不惓則智니라.

풀이 ▸▸▸　내 몸을 제일로 삼나니 항상 스스로 힘써 배우고 남을 가르치
는 것을 이롭게 여겨 게을리하지 않으면 지혜롭다.

학 선 자 정　　　연 후 정 인　　　조 신 입 혜　　　필 천 위 상
學先自正하고 然後正人이라 調身入慧면 必遷爲上이니라.

풀이 ▸▸▸　배움은 먼저 자신을 바르게 하고 그런 뒤에 남을 바르게 인도
한다. 내 몸을 닦아 지혜의 문으로 들어가면 반드시 최상의 자리로 옮
겨질 것이다.
주해 ▸▸▸　自正(자정): 자기를 바르게 함.

신 불 능 리　　　안 능 리 인
身不能利하고 安能利人이리오

심 조 체 정　　　사 원 부 지
心調體正하면 伺願不至니라.

풀이 ▸▸▸　자기 자신을 이롭게 하지 못하고 어찌 다른 사람을 이롭게 하
리오. 마음을 닦고 몸을 바르게 하면 무슨 소원인들 이루지 못하겠는가.

본아소조   후아자수   위악자갱   여강찬주
本我所造로 後我自受니 爲惡自更은 如剛鑽珠니라.

풀이 ▸▸▸ 본래 내가 지은 대로 뒤에 내가 스스로 돌려받나니 악을 행하면 내가 다시 금강석(金剛石)으로 구슬을 자르듯 벌을 받는다.

주해 ▸▸▸ 更(갱): 다시 하는 것 • 剛(강): 금강석.

인부지계   자만여등
人不持戒면 滋蔓如藤이니

정정극욕   악행일증
宑精極欲하면 惡行日增이니라.

풀이 ▸▸▸ 사람이 계율을 가지지 않으면 악이 뻗어 나감이 등나무 같으리니, 감정에 맡겨 행동하고 욕심을 극도로 부리면 악행이 날로 더한다.

주해 ▸▸▸ 滋蔓(자만): 뻗어 나감. • 정情(정정): 뜻에 맡겨 행동함. • 極欲: 욕심을 극도로 부림.

악행위신   우이위이
惡行危身이나 愚以爲易하고

선최안신   우이위난
善最安身이나 愚以爲難이라.

풀이 ▸▸▸ 악행은 몸을 위태롭게 하지만 어리석은 자는 쉽게 여기고, 선은 가장 몸을 편안케 하지만 어리석은 자는 어렵게 여긴다.

여 진 인 교   이 도 법 신   우 자 질 지   견 이 위 악
如眞人教하여 以道法身하면 愚者疾之하여 見而爲惡이라.

풀이 ▶▶▶ 진인(眞人)의 가르침과 같이 도법(道法)으로 몸을 삼으면 어리
석은 사람은 이를 미워해서 보고 난 후 악이라 말한다.

주해 ▶▶▶ 道法(도법): 깨달음에 이르는 바른 법, 즉 불법(佛法)

행 악 득 악   여 종 고 종
行惡得惡이니 如種苦種이니라

악 자 수 죄   선 자 수 복   역 각 수 숙   피 불 자 대
惡自受罪하니 善自受福이라 亦各須熟이니 彼不自代니라.

풀이 ▶▶▶ 악을 행하면 악을 얻나니 마치 괴로움의 종자를 심는 것 같다.
악은 스스로 죄를 받고, 선은 스스로 복을 받는다. 선이나 악은 서로 익
어가는 것이니 서로 대신하고 바꿀 수 없다.

습 선 득 선   역 여 종 첨
習善得善이 亦如種甛이니라

자 리 리 인   익 이 불 비   욕 지 리 신   계 문 위 최
自利利人은 益而不費라 欲知利身이면 戒聞爲最니라.

풀이 ▶▶▶ 선을 익히면 선을 얻는 것이 마치 달콤한 종자를 심는 것과
같다. 자기도 남도 이롭게 하는 것은 서로 이익이 될 뿐 손해가 아니다.
자신을 이롭게 하는 것을 알고자 하면 계율을 들음이 으뜸이다.

주해 ▶▶▶ 習善(습선): 선을 익힘. • 種甛(종첨): 달콤한 것을 심음. • 不費(불
비): 손해가 나지 않다. • 戒聞(계문): 계율을 듣는 것.

여 유 자 애　　욕 생 천 상
如有自愛하여 欲生天上이면

경 락 문 법　　당 념 불 교
敬樂聞法하고 當念佛教니라.

풀이 ▶▶▶　만일 자기가 근심스런 일이 있어 천상에 태어나고자 하거든
즐거이 법을 듣고 공경하고 부처님의 가르침을 생각해야 한다.

범 용 필 예 려　　물 이 손 소 무
凡用必豫慮하여 勿以損所務하라

여 시 의 일 수　　사 무 불 실 시
如是意日修면 事務不失時니라.

풀이 ▶▶▶　무릇 할 일은 반드시 미리 생각하여 힘쓸 바를 놓치지 말라.
이와 같은 마음으로 날마다 닦으면 할 일이 때를 놓치지 않게 된다.

주해 ▶▶▶　豫慮(예려): 미리 생각함. • 所務(소무): 힘쓸 것.

부 치 사 지 사　　능 지 성 성 리
夫治事之士는 能至終成利니라

진 견 신 응 행　　여 시 득 소 욕
眞見身應行하면 如是得所欲이니라.

풀이 ▶▶▶　일을 잘 다스리는 사람은 결국 끝에 가서 능히 이(利)를 이룬
다. 참된 견해를 몸으로 행하여 이같이 하면 원하는 바를 얻게 된다.

주해 ▶▶▶　治事(치사): 일을 잘 처리한다. • 眞見(진견): 진실하고 참된 견해.

• 應行(응행): 응당 행함.

世俗品

세속품

뜻있고 알찬 삶으로 바꾸어 나가야 한다

우리가 사는 세상은 항상 변화하고 천류(遷流)하는 무상한 곳이다.
바른 견해와 바른 생각으로 바른 도를 닦아, 무상한 삶을 뜻있고 알찬 삶으로 바꾸어 나가야 한다.

세 속 품 자   설 세 환 몽
世俗品者는　説世幻夢하여

당 사 부 화   면 수 도 용
當捨浮華하고　勉修道用이니라.

풀이 ▶▶▶ 세속품(世俗品)이란 세상의 꿈이 환상과 같다는 것을 설명하여
마땅히 뜬구름 같은 영화를 버리고, 힘써 도를 닦으라는 것을 말한다.

주해 ▶▶▶ 浮華(부화): 실속 없이 겉만 화려함. • 道用(도용): 도에 맞는 수행.

여 거 행 도   사 평 대 도
如車行道하여　捨平大途하고

종 사 경 패   생 절 축 우
從邪經敗하면　生折軸憂니라.

풀이 ▶▶▶ 수레가 길을 갈 때에 평탄한 큰길을 버리고 그릇된 지름길을 따라가면 뒤집혀 차축(車軸)을 부러뜨릴 근심이 생긴다.

주해 ▶▶▶ 敗(패): 실패, 수레가 뒤집힘.

이 법 여 시 　　 종 비 법 증
離法如是하여　從非法增하면

우 수 지 사 　　 역 유 절 환
愚守至死하고　亦有折患이니라.

풀이 ▶▶▶ 법을 떠나는 것도 그와 같아서 법이 아님을 많이 따르면 어리석음을 지키어 죽음에 이르고 역시 또한 부러지는 근심이 있다.

주해 ▶▶▶ 折患(절환): 부러지는 근심.

순 행 정 도 　　 물 수 사 업
順行正道하고　勿隨邪業이면

행 주 와 안 　　 세 세 무 환
行住臥安하고　世世無患이라.

풀이 ▶▶▶ 정도를 순순히 행하고 사악한 업에 따르지 아니하면 가거나 머물거나 누웠거나 모두 편안하고 어느 세상에서나 근심이 없으리라.

만물 여 포　　　의 여 야 마
萬物如泡하고　意如野馬하며

거 세 약 환　　　내 하 락 차
居世若幻이니　奈何樂此리오.

풀이 ▶▶▶　만물은 물거품 같고 마음은 아지랑이 같으며, 세상에 사는 것은 마치 환상과 같으니 어떻게 이것을 즐거워하리오.

주해 ▶▶▶　野馬(야마): 말의 일종이기도 하지만, 들판에 가물거리는 아지랑이를 표현했음.

약 능 단 차　　　벌 기 수 근
若能斷此하고　伐其樹根하여

일 야 여 시　　　필 지 우 정
日夜如是하면　必至于定이라.

풀이 ▶▶▶　만약 능히 이것을 끊어버리고, 그 나무뿌리를 잘라서 밤이나 낮이나 이와 같이 하면 반드시 선정(禪定)에 이르게 된다.

주해 ▶▶▶　禪定(선정): 참선하여 삼매경에 이름

일 시 여 신　　　여 락 지 인
一施如信하며　如樂之人이니

혹 종 뇌 의　　　이 반 식 중
或從惱意하여　以飯食眾이면

차 배 일 야　　　부 득 정 의
此輩日夜라도　不得定意니라.

한 번의 보시(布施)도 믿음과 같이 하고 즐거워하는 사람과 같이 하여야 한다. 혹시 고뇌의 뜻에 따라 사람들에게 밥을 먹인다면 이같은 무리는 밤낮으로 한다 하여도 마음 정함을 얻지 못한다.

세 속 무 안　　　막 견 도 진
世俗無眼하여 莫見道眞이라

여 소 견 명　　　당 양 선 의
如少見明하면 當養善意니라.

풀이 ▶▶▶ 세속의 사람들은 밝은 눈이 없어 진실한 도(道)를 보지 못한다. 조금이라도 밝음을 보려고 한다면 마땅히 선한 마음을 길러야 한다.

주해 ▶▶▶ 無眼(무안): 진리를 보는 눈이 없음.

여 안 장 군　　　피 라 고 상
如雁將群하고 避羅高翔하여

명 인 도 세　　　도 탈 사 중
明人導世하여 度脫邪衆이라.

풀이 ▶▶▶ 마치 기러기가 무리를 이끌고 그물을 피해서 높이 나는 것처럼 밝은 사람은 세상을 인도하여 사악한 무리들을 제도(濟度)해 준다.

주해 ▶▶▶ 濟度(제도): 중생을 고해로부터 건져 극락세계로 건네줌.

세 개 유 사　　삼 계 무 안
世皆有死하고 三界無安이라

제 천 수 락　　복 진 역 상
諸天雖樂이나 福盡亦喪이라.

풀이 ▸▸▸ 세상에는 모두 죽음이 있고, 삼계(三界)에는 평안함이 없다. 제천
(諸天)은 비록 즐겁다 하나 복이 다하면 역시 불행한 죽음을 맞게 된다.

주해 ▸▸▸ 諸天(제천): 불교에서 말하는 모든 하늘, 여러 천신이 있는 곳.

관 제 세 간　　무 생 부 종
觀諸世間하면 無生不終이라

욕 리 생 사　　당 행 도 진
欲離生死면 當行道眞이니라.

풀이 ▸▸▸ 모든 세간을 관찰해 보면 낳아서 죽지 않음이 없다. 생사를 여
의고자 한다면, 마땅히 도의 진실을 행하여야 한다.

치 복 천 하　　탐 령 불 견
癡覆天下하고 貪令不見하며

사 의 각 도　　고 우 종 시
邪疑却道하니 苦愚從是니라.

풀이 ▸▸▸ 어리석음이 천하를 덮고 탐욕은 도를 보지 못하게 하며, 삿된
의심이 도를 물리치니, 괴로움과 어리석음은 이로 인해 생긴다.

일 법 탈 과　　위 망 어 인
一法脫過하여 謂妄語人은

불 면 후 세　　미 악 불 갱
不免後世에 靡惡不更이니라.

풀이 ▸▸▸ 한 번 법을 벗어나고 지나쳐서 망령된 말을 하며 다음 세상을
포기한 자에게는 행해지지 않을 악은 없으리라.

수 다 적 진 보　　숭 고 지 우 천
雖多積珍寶하여 嵩高至于天하고

여 시 만 세 간　　불 여 견 도 적
如是滿世間이라도 不如見道迹이니라.

풀이 ▸▸▸ 비록 진정한 보물을 많이 쌓아 그 높이가 하늘에 닿고 또 그와
같이 세상에 가득 차더라도 도(道)의 자취를 보느니만 못하다.

주해 ▸▸▸ 不更(불경): 更은 '보상(報償)'의 뜻, 곧 갚지 않음.

불 선 상 여 선　　애 여 사 무 애
不善像如善하고 愛如似無愛하며

이 고 위 락 상　　광 부 위 소 염
以苦爲樂像은 狂夫爲所厭이니라.

풀이 ▸▸▸ 선하지 못하면서 선한 체하고 사랑하면서 사랑이 없는 것같이
하며, 괴로우면서도 애써 즐거운 모습을 짓는 것은 미친 사람이 하는
짓이며 할 일이 일이다.

述佛品

술불품

뱃사공은 물을 건너고 정진(精進)은 교량이 된다

부처님의 위대하고 전능한 공덕과 한량없는 자비심을 말해준다.
완전한 인격을 소지한 부처님께서는 중생을 이롭게 하고, 번뇌 망상의 고해에서
생멸을 계속하는 중생을 제도하여, 안락한 열반의 세계로 인도했던 바
그 큰 공덕을 칭송하고 있다.

술 불 품 자　　도 불 신 덕
述佛品者는　道佛神德이

무 불 리 도　　명 위 세 칙
無不利度하여　明爲世則이니라.

풀이 ▸▸▸ 술불품(述佛品)이란 부처님의 도(道)와 신령한 덕(德)이 중생을
이롭게 제도하지 않음이 없어 분명 세상의 밝은 법칙이 됨을 말하는
것이다.

이 승 불 수 악　　일 체 승 세 간
已勝不受惡하고　一切勝世間이니

예 지 확 무 강　　개 몽 령 입 도
叡智廓無疆하여　開矇令入道니라.

풀이 ▶▶▶ 이미 이겨서 악을 받아들이지 아니하고 이 세상 모든 것을 이 겼으니 예지(叡智)가 끝없이 열려 도(道)에 들어 몽매(蒙昧)함을 열게 되도다.

주해 ▶▶▶ 叡智(예지): 밝은 지혜. •開矇(개몽): 몽매함을 열어줌.

결 망 무 가 애   애 진 무 소 적
決網無罣礙하고 愛盡無所積이라

불 의 심 무 극   미 천 적 령 천
佛意深無極하여 未踐迹令踐이니라

풀이 ▶▶▶ 그물을 터서 걸림이 없고 애욕이 다하여 시달림이 없다. 부처 님의 뜻은 깊고 끝이 없어서 아직 밟지 못한 자취를 밟게 한다.

주해 ▶▶▶ 未踐迹(미천적): 아직 밟지 못한 자취, 미처 사람들이 알지 못했던 바른 도를 뜻함.

용 건 립 일 심   출 가 일 야 멸
勇健立一心하고 出家日夜滅하여

근 단 무 욕 의   학 정 념 청 명
根斷無欲意하니 學正念淸明이라.

풀이 ▶▶▶ 용감하고 굳세게 한 뜻을 세우고 출가하여 밤낮으로 멸하여 근(根)을 끊어 욕심을 없애셨으니 바른 배움으로 뜻이 맑고 밝으셨다.

주해 ▶▶▶ 出家(출가): 집을 나가서 중이 되는 것. •滅(멸): 탐욕의 마음을 없애는 것. •根(근): 한 적용을 일으키는 강력한 힘, 육근(六根).

견체정무예　　이도오도연
見諦淨無穢하니 已度五道淵이라

불출조세간　　위제중우고
佛出照世間은 爲除衆憂苦니라.

풀이 ▸▸▸ 진리를 보아 깨끗하여 더러움이 없었으니 이미 다섯 갈래의
깊은 못을 건너셨다. 부처님이 나와서 온 세상 비추셨으니, 온갖 근심
과 괴로움을 없애주기 위함이다.

주해 ▸▸▸ 五道(오도): 1. 지옥도(地獄道) 2. 아귀도(餓鬼道) 3. 축생도(畜生道)
4. 인도(人道) 5. 천도(天道)의 총칭.

득생인도난　　생수역난득
得生人道難하고 生壽亦難得하며

세간유불난　　불법난득문
世間有佛難하니 佛法難得聞이니라.

풀이 ▸▸▸ 사람 몸을 받아 태어나기 어렵고 태어나서 오래 살기 또한 어려
우며, 세상에 부처님이 나시기도 어려우니 불법을 얻어듣기 더욱 어렵다.

아기무사보　　역독무반려
我旣無師保하고 亦獨無伴侶하니

적일행득불　　자연통성도
積一行得佛하여 自然通聖道니라.

풀이 ▸▸▸ 나 이미 돌아가 쉴 곳도 없고 또한 혼자인 이 몸 짝할 이도 없
으니, 일념으로 행을 쌓아 부처가 되어 자연히 거룩한 도에 통했도다.

無伴侶(무반려): 배우자가 없다, 혹은 인생을 같이할 사람이 없다는 말. •行得佛(행득불): 몸소 실천하여 불도를 터득하다.

선 사 능 도 수　　정 진 위 교 량

船師能渡水하고 精進爲橋梁이라

인 이 종 성 계　　도 자 위 건 웅

人以種姓繫이지만 度者爲健雄이니라.

풀이 ►►► 뱃사공은 능히 물을 건너고 정진은 교량이 된다. 사람은 여러 가지 종성(種姓)에 얽매이지만 건너는 자는 바로 진실한 의미의 대장부다.

주해 ►►► 船師(선사): 뱃사공을 말함. • 精進(정진): 악행을 버리고 선행을 닦음, 또는 세속의 인연을 끊고 불도에 몸을 바치는 일. •種姓(종성): 씨족(氏族).

괴 악 도 위 불　　지 지 위 범 지

壞惡度爲佛하고 止地爲梵志라

제 근 위 학 법　　단 종 위 제 자

除饉爲學法하고 斷種爲弟子니라.

풀이 ►►► 악을 부수어 건너는 사람을 부처라 하고, 멈추는 자리를 범지(梵志)라 한다. 제근(除饉)은 법을 배우는 이라 하고, 종자를 끊음을 제자(弟子)라 한다.

주해 ►►► 止地(지지): 마음이 한 자리에 멈추어 번뇌 망상을 끊어 버리고 진리를 깨달아 얻음. •梵志(범지): 마음이 청정(淸淨)을 구함, 또한 마음이 범천(梵天)의 법을 구함. •除饉(제근): 불교에 귀의해서 승려가 된 사람, 남자 중을 제근남, 또는 비구, 여자 중을 제근녀, 또는 비구니라 함.

관 행 인 제 일　　　불 설 니 원 최
觀行忍第一이오　佛說泥洹最라

사 죄 작 사 문　　　무 요 해 어 피
捨罪作沙門하여　無嬈害於彼니라.

풀이 ▸▸▸ 관행에는 참음이 제일이고, 부처님은 이원이 으뜸이라 말씀하
셨다. 죄를 버리고 사문이 되면 그를 괴롭히는 것은 없다.

주해 ▸▸▸ 觀行(관행): 마음으로 이치를 관조하여 몸으로 이를 행함, 곧 관심
의 행법(行法). • 泥洹(이원): 열반. • 沙門(사문): 출가한 중. • 嬈(뇨): 번거롭
다, 희롱하다, 마음으로 괴로워하다.

불 요 역 불 뇌　　　여 계 일 체 지　　　소 식 사 신 탐
不嬈亦不惱하여　如戒一切持하며　少食捨身貪하고

유 행 유 은 처　　　의 체 이 유 할　　　시 능 봉 불 교
有行幽隱處하여　意諦以有黠이리니　是能奉佛教니라.

풀이 ▸▸▸ 번거롭거나 고뇌하지도 아니하여 계율 그대로 모든 것을 지키
려, 음식을 조금 먹어서 몸의 탐욕을 버리고, 그윽한 곳에서 선행이 있
으면 뜻이 밝아져서 지혜가 있으리니, 이는 능히 불교를 받들 수 있다.

주해 ▸▸▸ 幽隱處(유은처): 그윽하여 남이 보지 못할 곳. • 意諦(의체): 사물의
근본 뜻이나 이유. • 黠(할): 약다. 영리하다.

제 악 막 작　　　제 선 봉 행　　　자 정 기 의　　　시 제 불 교
諸惡莫作하고　諸善奉行하여　自淨其意하면　是諸佛教니라.

풀이 ▸▸▸ 모든 악을 짓지 말고 모든 선을 받들어 행하여, 스스로 그 뜻

을 깨끗이 하면 그것이 모든 부처님의 가르침이다.

<ruby>佛<rt>불</rt></ruby> <ruby>爲<rt>위</rt></ruby> <ruby>尊<rt>존</rt></ruby> <ruby>貴<rt>귀</rt></ruby>   <ruby>斷<rt>단</rt></ruby> <ruby>漏<rt>루</rt></ruby> <ruby>無<rt>무</rt></ruby> <ruby>婬<rt>음</rt></ruby>   <ruby>諸<rt>제</rt></ruby> <ruby>釋<rt>석</rt></ruby> <ruby>中<rt>중</rt></ruby> <ruby>雄<rt>웅</rt></ruby>   <ruby>一<rt>일</rt></ruby> <ruby>群<rt>군</rt></ruby> <ruby>從<rt>종</rt></ruby> <ruby>心<rt>심</rt></ruby>

佛爲尊貴하여 斷漏無婬하여 諸釋中雄이니 一群從心이니라.

풀이 ▶▶▶ 부처님은 높고 귀한 분이며 번뇌를 끊고 음욕을 없애어 모든 석씨(釋氏) 중에서 뛰어나시니 온 무리가 그 마음을 따랐다.

주해 ▶▶▶ 釋(석): 불교를 신봉하는 모든 사람이거나 불제자.

快哉福報여 所願皆成하고 敏於上寂하여 自致泥洹이니라.

풀이 ▶▶▶ 기쁘도다, 복의 갚음이여! 원하는 바를 모두 이루고 최상의 고요함에 민첩하시어 스스로 열반을 이루셨네.

或多自歸山川樹神하여

廟立圖像하고 祭祠求福이라.

풀이 ▶▶▶ 이 세상 많은 사람들이 스스로 산이나 냇가나 나무의 신(神)에 귀의(歸依)하여 사당에다 신(神)의 화상을 만들어 놓고 제사하여 복을 구한다.

자 귀 여 시   비 길 비 상
自歸如是면 非吉非上이니

피 불 능 래   도 아 중 고
彼不能來하여 度我衆苦니라.

풀이 ▶▶▶ 스스로 귀의함이 이 같으면 길(吉)도 아니고 상(上)도 아니니, 그들은 능히 와서 우리의 온갖 괴로움을 제도(濟度)하지 못한다.

여 유 자 귀   불 법 성 중
如有自歸하기를 佛法聖衆이면

도 덕 사 제   필 견 정 혜
道德四諦로 必見正慧니라.

풀이 ▶▶▶ 만일 스스로 귀의하기를 부처님 법과 성스러운 무리들에게 의지한다면 도와 덕과 네 가지 진리로 반드시 바른 지혜를 얻게 되리라.

주해 ▶▶▶ 聖衆(성중): 성자들을 일컬음. • 四諦(사제): 불교의 네 가지 진리, 곧 고체(苦諦)는 현재의 고뇌, 집체(集諦)는 집착의 모임, 멸체(滅諦)는 안락의 경지, 도체(道諦)는 苦를 멸(滅)하기에 이르는 수행.

생 사 극 고   종 체 득 도   도 새 팔 도   사 제 중 고
生死極苦나 從諦得度라 度世八道는 斯除衆苦니라.

풀이 ▶▶▶ 생사(生死)는 매우 괴로운 것이지만 진리를 따르면 건널 수 있나니 세상을 제도(濟度)하는 여덟 가지 길은 온갖 괴로움을 없애 준다.

주해 ▶▶▶ 八道(팔도): 여덟 가지 바른 길, 곧 정견(正見), 정사유(正思惟), 정어(正語), 정업(正業), 정명(正命), 정정진(正精進), 정념(正念), 정정(正定)임.

자 귀 삼 존　　최 길 최 상　　　유 독 유 시　　　도 일 체 고
自歸三尊이 最吉最上이라　唯獨有是하여 度一切苦니라.

풀이 ▶▶▶　스스로 삼존에게 귀의하는 것이 가장 길하고 가장 좋다. 오직
이렇게 하는 길만이 모든 괴로움을 벗어날 수 있다.

주해 ▶▶▶　三尊(삼존): 석가의 삼존으로 석가 · 문수 · 보현의 세 부처.

사 여 중 정　　　지 도 불 간　　　이 재 사 인　　　자 귀 불 자
士如中正하여 志道不慳하면 利哉斯人이며 自歸佛者니라.

풀이 ▶▶▶　사람이 만일 중정(中正)을 하여 도에 뜻을 두고 열심히 나아가
면 이런 사람은 이롭도다! 이 사람이여! 스스로 부처님께 귀의한 사람
이다.

주해 ▶▶▶　中正(중정): 치우치지 않고 바른 것. • 慳(간): 아끼다, 망설이다.

명 인 난 치　　　역 불 비 유　　　기 소 생 처　　　족 친 몽 경
明人難値하고 亦不比有니라 其所生處는 族親蒙慶이니라.

풀이 ▶▶▶　밝은 사람은 만나기 어렵고 또한 이런 사람은 흔히 있지도 않
다. 그가 태어나 사는 곳에는 그 친족까지도 경사를 입는다.

제 불 흥 쾌　　　설 경 도 쾌　　　중 취 화 쾌　　　화 즉 상 안
諸佛興快하고 說經道快하며 衆聚和快니 和則常安이니라.

풀이 ▶▶▶　모든 부처님이 나오심이 반갑고 바른 도의 설법이 즐거우며,
모든 중들이 모여 화합한 것이 기쁘니 화합하면 항상 편안하다.

安寧品

안녕품
선을 행하면 마음이 편안하고 행복하다

편안함과 위태로움의 차이를 밝힌 것으로, 악을 버리고 선을 행하면
마음이 편안하고 행복하며, 어리석음에 떨어지지 않음을 말한 것이다.

안 녕 품 자　　차 차 안 위　　거 악 즉 선　　　쾌 이 불 타
安寧品者는 差次安危니 去惡卽善이면 快而不墮니라.

풀이 ▶▶▶ 안녕품(安寧品)이란 편안함과 위태로움의 차이를 말한 것이니,
악을 버리고 선으로 나아가면 즐겁고 어리석음에 떨어지지 않음을 말
한 것이다.

주해 ▶▶▶ 卽善(즉선): 선으로 나아가는 것.

아 생 이 안　　불 온 어 원　　중 인 유 원　　아 행 무 원
我生已安하니 不慍於怨이라 衆人有怨이나 我行無怨이니라.

풀이 ▶▶▶ 나의 삶이 이미 편안하니 원망에도 성내지 않는다. 뭇 사람은
원망이 있지만 나는 원망이 없다.

아 생 이 안   불 병 어 병
我生已安하니 不病於病이라

중 인 유 병   아 행 무 병
衆人有病이나 我行無病이니라.

풀이 ▸▸▸ 나의 삶이 이미 편안하니 어떤 병에도 병들지 않는다. 뭇 사람
은 병이 있어도 나는 병이 없다.

아 생 이 안   불 척 어 우
我生已安하니 不慼於憂라

중 인 유 우   아 행 무 우
衆人有憂이나 我行無憂이니라.

풀이 ▸▸▸ 나의 삶이 이미 편안하니 근심을 걱정하지 않는다. 뭇 사람은
근심이 있으나 나는 근심이 없다.

아 생 이 안   청 정 무 위
我生已安하니 清淨無爲하며

이 락 위 식   여 광 음 천
以樂爲食하나니 如光音天이니라.

풀이 ▸▸▸ 나는 삶이 이미 편안하니 맑고 깨끗해함이 없으며, 즐거움으
로 먹을 것을 삼나니 마치 광음천과 같다.

주해 ▸▸▸ 光音天(광음천): 색계의 이선천(二禪天)의 셋째. 이 하늘은 목소리
가 없고 입을 벌려 맑은 빛으로 의사 표시를 함.

아 생 이 안　　담 박 무 사　　미 신 단 화　　안 능 소 아
我生已安하니 澹泊無事라 彌薪團火인들 安能燒我리오.

풀이 ▶▶▶ 　내 삶이 이미 편안하니 마음이 깨끗하여 아무 일이 없네. 온 나라에 가득한 섶나무 불인들 어찌 능히 나를 불태우리오.

주해 ▶▶▶ 　澹泊(담박): 마음이 깨끗하고 욕심이 없다.

승 즉 생 원　　부 즉 자 비　　거 승 부 심　　무 쟁 자 안
勝則生怨하고 負則自鄙니 去勝負心하여 無爭自安이니라.

풀이 ▶▶▶ 　이기면 원망이 생기고 지면 스스로 천해지는 것이니 승부의 마음을 버리고 다툼이 없으면 스스로 편안하리라.

열 무 과 음　　독 무 과 노　　고 무 과 신　　낙 무 과 멸
熱無過婬하고 毒無過怒하며 苦無過身하고 樂無過滅이니라.

풀이 ▶▶▶ 　뜨겁기는 음욕보다 더한 것이 없고, 독하기는 성냄보다 더한 것이 없으며, 괴롭기는 몸보다 더한 것이 없고, 즐겁기는 열반보다 더한 것이 없다.

주해 ▶▶▶ 　滅(멸): 열반.

무 락 소 락　　소 변 소 혜
無樂小樂하고 小辯小慧하며

관 구 대 자　　내 획 대 안
觀求大者면 乃獲大安이니라.

풀이 ▶▶▶ 작은 즐거움을 즐기지 않고 작은 변재(辯才)와 작은 지혜도 즐기지 않으며 자세히 관찰하여 큰 것을 구하면 결국 큰 기쁨을 얻을 수 있으리라.

아 위 세 존　　　장 해 무 우　　　정 도 삼 유　　　독 항 중 마
我爲世尊이니 長解無憂하고 正度三有하여 獨降衆魔니라.

풀이 ▶▶▶ 나는 세상에서 가장 존귀한 이 되었으니 길이 해탈하여 근심이 없고, 바르게 삼유(三有)를 제도하여 혼자서 많은 마귀를 항복받았다.

주해 ▶▶▶ 世尊(세존): 석가를 세상에서 가장 높다 하여 일컫는 말.

현 성 인 쾌　　　득 의 부 쾌　　　득 리 우 인　　　위 선 독 쾌
見聖人快하고 得依附快라 得離愚人하고 爲善獨快니라.

풀이 ▶▶▶ 성인을 뵙는 것이 즐겁고 의지할 곳 없는 것이 또한 즐겁다. 어리석은 사람을 떠날 수 있고 선을 홀로 행할 수 있어 즐거워라.

수 정 도 쾌　　　공 설 법 쾌
守正道快하고 工說法快하며

여 세 무 쟁　　　계 구 상 쾌
與世無諍하고 戒具常快니라.

풀이 ▶▶▶ 바른 도리를 지키는 것이 즐겁고 설법을 잘하는 것이 또한 즐거우며, 세상 사람과 다투지 아니하고 계율을 지니는 것이 항상 즐겁다.

주해 ▶▶▶ 工說法(공설법): 설법을 잘함. 공(工)은 잘한다는 뜻.

의 현 거 쾌　　여 친 친 회　　근 인 지 자　　다 문 고 원
依賢居快는 如親親會니 近仁智者는 多聞高遠이니라.

풀이 ▸▸▸ 어진 이를 의지하여 사는 즐거움은 마치 친족들이 한데 모임 같
나니, 어질고 지혜 있는 이를 가까이 하면 높고 먼 진리를 많이 듣는다.

수 명 선 소　　이 기 세 다　　학 당 취 요　　영 지 노 안
壽命鮮少하니 而棄世多하고 學當取要하여 令至老安하라.

풀이 ▸▸▸ 인간의 수명은 얼마 되지 않으니 세상의 많은 일 모두 버리고
부디 요점만을 잘 배우고 취하여 늙어서 평안함을 얻게 하여라.

주해 ▸▸▸ 世多(세다): 세상의 많은 일. • 取要(취요): 요점을 취하는 것.

제 욕 득 감 로　　기 욕 멸 제 쾌　　욕 도 생 사 고　　당 복 감 로 미
諸欲得甘露면 棄欲滅諦快라 欲度生死苦면 當服甘露味니라.

풀이 ▸▸▸ 모든 사람이 감로(甘露)를 얻고자 한다면 욕심을 버리고 멸체
(滅諦)의 진리를 즐겨라. 생사(生死)의 괴로움을 건너고자 한다면 마땅
히 감로수 맛을 보아야 한다.

주해 ▸▸▸ 甘露(감로): 부처님의 교법, 법미(法味)가 풍부하여 중생의 몸과 마
음을 기르는 것을 단 이슬에 비유한 것임.

好喜品

호희품

탐욕을 내지 않으면 근심걱정이 없다

사람은 오관으로 얻어지는 여러 가지 어지러운 유혹 때문에 마음이 흔들리고 탐욕이 생기며,
죄에 빠져 번민하게 된다. 만일 그러한 것에 마음을 빼앗기지 않고
밝은 도를 닦으면 근심과 걱정이 있을 수 없다.

호 희 품 자　　분 인 다 희　　　능 불 탐 욕　　즉 무 우 환
好喜品者는　禁人多喜하고　能不貪欲하면　則無憂患이니라.

풀이 ▶▶▶　호희품(好喜品)이란 사람들에게 많은 기쁨을 금하고 능히 탐욕
을 내지 않으면 근심과 걱정이 없음을 말한 것이다.

위 도 즉 자 순　　　순 도 즉 자 위　　　사 의 취 소 호　　시 위 순 애 욕
違道則自順하고　順道則自違니라　捨義取所好면　是爲順愛欲이니라.

풀이 ▶▶▶　도를 어기면 자기를 따르게 되고, 도를 따르면 자기를 어기게
된다. 의(義)를 버리고 좋아하는 것을 취하면 이것은 곧 애욕을 따르는
것이 된다.

주해 ▶▶▶　自順(자순): 자기 욕심에 따름.

부 당 취 소 애　　　역 막 유 불 애
不當趣所愛하고　亦莫有不愛하나

애 지 불 견 우　　　불 애 견 역 우
愛之不見憂하고　不愛見亦憂니라.

풀이 ▶▶▶　사랑하는 것을 마땅히 갖지도 말고, 또한 사랑하지 않음도 두지 말라. 사랑하는 것을 보지 못해도 근심하고, 사랑하지 않는 것을 보아도 또한 근심스럽다.

시 이 막 조 애　　　애 중 악 소 유
是以莫造愛하라　愛憎惡所由니라

이 제 박 결 자　　　무 애 무 소 증
已除縛結者는　無愛無所憎이니라.

풀이 ▶▶▶　그러므로 사랑을 하지 말라. 사랑으로 말미암아 증오의 원인이 된다. 이미 결박에서 벗어난 자에게는 사랑할 것도 미워할 것도 다 없다.

주해 ▶▶▶　증오(憎惡): 미워하는 것.

애 희 생 우　　　애 희 생 외　　　무 소 애 희　　　하 우 하 외
愛喜生憂하고　愛喜生畏하나니　無所愛喜면　何憂何畏리오.

풀이 ▶▶▶　사랑과 기쁨 속에 근심이 생기고 사랑과 기쁨 속에 두려움이 생기니 사랑과 기쁨이 없다면 무슨 근심과 두려움의 고뇌가 있으리오.

호 락 생 우   호 락 생 외
好樂生憂하고 好樂生畏하나니

무 소 호 락   하 우 하 외
無所好樂이면 何憂何畏리오.

풀이 ▸▸▸ 좋아하고 즐거워하는 가운데 근심이 생기고, 좋아하고 즐거워하는 가운데 두려움이 생기니, 좋아하고 즐거워함이 없으면 무슨 근심과 무슨 두려움이 있으리오.

탐 욕 생 우   탐 욕 생 외
貪欲生憂하고 貪欲生畏하나니

무 소 탐 욕   하 우 하 외
解無貪欲이면 何憂何畏리오.

풀이 ▸▸▸ 탐욕 속에 근심이 생기고 탐욕 속에 두려움이 생기니 이를 벗어나 탐욕이 없으면 무슨 근심과 무슨 두려움이 있으리오.

탐 법 계 성   지 성 지 참
貪法戒成하고 至誠知慚하여

행 신 근 도   위 중 소 애
行身近道면 爲衆所愛니라.

풀이 ▸▸▸ 법을 탐하여 계를 지키고 지극한 정성으로 부끄러움을 알아 가까이 몸으로 행하면 여러 사람의 사랑을 받으리라.

욕 태 불 출　　　사 정 내 어　　　심 무 탐 애　　　필 절 유 도
欲態不出하고 思正乃語하 心無貪愛면 必截流渡니라.

풀이 ▸▸▸ 욕심스런 태도를 짓지 말고 정도를 생각하여 비로소 말하며,
마음에 탐하고 사랑이 없으면 반드시 번뇌를 끊고 건너간다.

주해 ▸▸▸ 欲態(욕태): 탐욕스런 모습. • 截流(절류): 번뇌를 끊음.

비 인 구 행　　　종 원 길 환
譬人久行하여 從遠吉還하여

친 후 보 안　　　귀 래 환 희
親厚普安하면 歸來歡喜니라.

풀이 ▸▸▸ 비유컨대 사람이 길을 떠난 지 오래되어 먼 곳으로부터 무사
히 돌아와 친척들이 두루 편안하면 돌아와서 마음이 기쁜 것과 같다.

주해 ▸▸▸ 吉還(길환): 무사히 돌아옴.

호 행 복 자　　　종 차 도 피　　　자 수 복 조　　　여 친 내 희
好行福者는 從此到彼하여 自受福祚가 如親來喜니라.

풀이 ▸▸▸ 즐거이 복된 일을 행하는 자는 이를 따라 저 언덕에 이르러 스
스로 복을 받음이 마치 어버이가 오신 기쁨과 같다.

忿怒品

분노품
성내지 않는 사람에게는 하늘이 복을 내린다

분노품(忿怒品)이란 성냄을 경계하는 품이다.
성내지 않는 착한 사람에게는 하늘이 복을 내리고 수명을 연장해 준다.

분 노 품 자　　　견 진 애 해　　　　관 홍 자 유　　　천 우 인 애
忿怒品者는　見瞋恚害라도　寬弘慈柔면　天祐人愛니라.

풀이 ▸▸▸　분노품(忿怒品)이란 성내고 해치려는 자를 보더라도 너그러이
용서하고 자비로 대하면, 하늘이 복을 주고 사람이 사랑함을 말하는
것이다.

분 노 불 견 법　　분 노 부 지 법
忿怒不見法하고 忿怒不知道하나니

능 제 분 노 자　　복 희 상 수 신
能除忿怒者는 福喜常隨身이니라.

풀이 ▸▸▸　성내는 사람은 법을 못 하고, 성내는 사람은 도를 알지 못한다. 능히 분노를 물리치는 자는 복과 기쁨이 항상 몸에 따른다.

탐 음 불 견 법　　우 치 의 역 연
貪婬不見法하고 愚癡意亦然하나니

제 음 거 치 자　　기 복 제 일 존
除婬去癡者는 其福第一尊이니라.

풀이 ▸▸▸　음욕을 탐하면 바른 법은 볼 수 없고 마음이 어리석어도 역시 그러하나니, 음욕을 버리고 어리석음을 버린 자는 그 복이 가장 귀하고 존귀하니라.

주해 ▸▸▸　貪婬(탐음): 음은 남녀 간의 정사(情事)로 정욕을 탐하는 것.

에 능 자 제　　여 지 분 거
恚能自制하여 如止奔車면

시 위 선 어　　기 명 입 명
是爲善御니 棄冥入明하리라.

풀이 ▸▸▸　성냄을 스스로 억제하기를 마치 수레바퀴를 멈추는 것같이 하면 이는 잘 다스리는 것이 되어 어둠을 버리고 밝음에 들어가리라.

주해 ▸▸▸　自制(자제): 스스로 억제함. • 奔車(분거): 달리는 수레.

인 욕 승 에　　선 승 불 선
忍辱勝恚하면 善勝不善이라

승 자 능 시　　지 성 승 기
勝者能施하고 至誠勝欺니라.

풀이 ▶▶▶ 욕을 참고 성냄을 이기면 선은 불선(不善)을 이긴다. 이긴 자는
능히 보시하고 지극한 정성은 속임을 이긴다.

불 기 불 노　　의 불 다 구
不欺不怒하고 意不多求하여

여 시 삼 사　　사 즉 상 천
如是三事는 死則上天이니라.

풀이 ▶▶▶ 남을 속이지 않고 성내지 않고, 마음으로 많이 구하지 아니하
여 이 같은 세 가지 일을 지키는 사람은 죽은 뒤에 곧 하늘나라에 오르
게 된다.
주해 ▶▶▶ 不多求(부다구): 많은 것을 바라지 않다.

상 자 섭 신　　자 심 불 살
常自攝身하고 慈心不殺이면

시 생 천 상　　도 피 무 우
是生天上하여 到彼無憂니라.

풀이 ▶▶▶ 항상 자신의 몸을 굳게 지키고 자비로운 마음을 잃지 않으면
이것이 천상에서 사는 것이며, 피안에 도달하여 근심이 없을 것이다.

의 상 각 오　　　명 모 근 학　　　누 진 의 해　　　가 치 니 원
意常覺寤하고 明暮勤學니면 漏盡意解하여 可致泥洹이니라.

풀이 ▶▶▶　마음이 항상 깨달아 있고 밤낮으로 부지런히 배우면 번뇌가
없어지고 마음이 해탈되어 가히 열반을 얻을 수 있다.

주해 ▶▶▶　覺寤(각오): 깨어 있는 것. • 意解(의해): 마음이 속박에서 풀린 것.

인 상 방 훼　　　자 고 지 금
人相謗毁하여 自古至今이라

기 훼 다 언　　　우 훼 눌 인
旣毁多言하고 又毁訥忍하며

역 훼 중 화　　　세 무 불 훼
亦毁中和하니 世無不毁니라.

풀이 ▶▶▶　사람이 서로 헐뜯어서 예로부터 지금에 이르렀다. 말 많음을
헐뜯고 또 말이 적고 참는 것을 헐뜯으며 또 중화(中和)를 헐뜯으니 세
상에는 헐뜯지 않음이 없다.

주해 ▶▶▶　謗毁(방훼): 비방하여 헐뜯음. • 訥忍(눌인): 말을 적게 하여 참는
것. • 中和(중화): 치우치지 않고 조화를 이룸.

욕 의 비 성　　　불 능 제 중　　　일 훼 일 예　　　단 위 리 명
欲意非聖이니 不能制中이면　一毁一譽가 但爲利名이니라.

풀이 ▶▶▶　욕심은 깨끗한 것이 못 되니 그를 억제하지 못하면 한 번 헐뜯
고 한 번 칭찬하는 것이 단지 이익과 명리를 위함일 뿐이다.

주해 ▶▶▶　制中(제중): 제어하여 중도에 이르도록 하는 것.

명 지 소 예　　유 칭 시 현
明智所譽는 唯稱是賢하나니

혜 인 수 계　　무 소 기 방
慧人守戒하며 無所譏謗이니라.

풀이 ▶▶▶　밝은 지혜를 칭찬하는 것 오직 그것을 현명하다 일컫나니 슬
기로운 사람은 계율을 지키며 누구의 비방도 받지 않는다.

주해 ▶▶▶　譏謗(기방): 비방.

여 나 한 정　　막 이 무 방
如羅漢淨하여 莫而誣謗이면

제 인 자 차　　범 석 소 칭
諸人咨嗟하여 梵釋所稱이니라.

풀이 ▶▶▶　나한(羅漢)처럼 깨끗하여 헐뜯을 것이 없으면 사람들이 감탄
하여 범천이나 제석(帝釋)이라 일컫는다.

주해 ▶▶▶　誣謗(무방): 무함하고 비방하는 것. • 咨嗟(자차): 감탄의 뜻.

상 수 신 신　　이 호 진 에
常守愼身하여 以護瞋恚하고

제 신 악 행　　진 수 덕 행
除身惡行하고 進修德行하라.

풀이 ▶▶▶　항상 삼가 몸을 지켜 성냄에서 보호하고 몸에서 악행(惡行)을
없애고 덕행을 닦아야 한다.

상 수 신 언　　이 호 진 에
常守愼言하여 以護瞋恚하고

제 구 악 언　　송 습 법 언
除口惡言하고 誦習法言하라.

풀이 ▶▶▶ 항상 말을 신중히 함으로써 성냄을 억제하고 입에서 악한 말을 없애고 법의 말씀을 외우고 익혀야 한다.

주해 ▶▶▶ **法言**(법언): 부처님의 말씀.

상 수 신 심　　이 호 진 에
常守愼心하여 以護瞋恚하고

제 심 악 념　　사 유 념 도
除心惡念하고 思惟念道하라.

풀이 ▶▶▶ 항상 마음을 신중히 가짐으로써 성냄을 억제하고 마음에서 악한 생각을 없애버리고 언제나 도를 생각하여라.

절 신 신 언　　수 섭 기 심
節身愼言하며 守攝其心하여

사 에 행 도　　인 욕 최 강
捨恚行道는 忍辱最强이니라.

풀이 ▶▶▶ 몸을 절제하고 말을 삼가며 그 마음을 굳게 지켜 성냄을 버리고 도를 행하는 데는 욕됨을 참는 것이 가장 으뜸이니라.

사 에 리 만　　　피 제 애 탐　　　불 착 명 색　　　무 위 멸 고
捨恚離慢하며 避諸愛貪하여 不著名色하면 無爲滅苦니라.

풀이 ▶▶▶　성내지 아니하고 교만하지 않으며 모든 사랑과 탐함을 피하여
명예와 여색에 집착하지 않으면 행함이 없어 괴로움을 멸하게 된다.

주해 ▶▶▶　(무위): 인연의 조작을 떠난 것, 적정(寂靜)의 세계, 즉 열반을 말
함. • 名色(명색): 명예와 여색.

기 이 해 노　　　음 생 자 금
起而解怒하고 婬生自禁하여

사 불 명 건　　　사 개 득 안
捨不明健하면 斯皆得安이라.

풀이 ▶▶▶　성이 나면 그것을 풀고 음욕이 생기면 스스로 금하여 밝지 못
한 것을 과감히 버리면 이것이 다 편안함을 얻는 길이다.

에 단 와 안　　　예 멸 음 우　　　노 위 독 본　　　난 의 범 지
瞋斷臥安이라 恚滅淫憂하라 怒爲毒本하고 便意梵志라

언 선 득 예　　　단 위 무 환
言善得譽하고 斷爲無患이니라.

풀이 ▶▶▶　성냄을 끊으면 누워 있어도 편안하다. 분연히 음욕의 근심을
물리쳐라. 성냄은 독(毒)의 근본이 되고 부드러운 뜻은 깨끗한 마음이
다. 말이 착하면 칭찬을 받고 행을 끊으면 근심이 없다.

주해 ▶▶▶　斷爲(단위): 조작을 끊음.

동 지 상 근　　상 위 작 악
同志相近하여 詳爲作惡이면

후 별 여 에　　화 자 소 뇌
後別餘恚하며 火自燒惱니라.

풀이 ▶▶▶　뜻을 같이하는 자들이 서로 가까이 모여 속임수를 써서 떠난 뒤에는 원한이 남아 불이 스스로 번뇌를 불사른다.

부 지 참 괴　　무 계 유 노
不知慚愧면 無戒有怒라

위 노 소 견　　불 염 유 무
爲怒所牽하여 不厭有務니라.

풀이 ▶▶▶　부끄러움을 알지 못하면 계율이 없어 성냄이 있다. 마음이 성냄에 이끌려 다니면서 잡된 일을 싫어하지 아니한다.

주해 ▶▶▶　有務(유무): 힘씀이 있다, 일이 있음.

유 력 근 병　　무 력 근 연
有力近兵하고 無力近軟이라

부 인 위 상　　의 상 인 리
夫忍爲上이니 宜常忍贏하라.

풀이 ▶▶▶　힘이 있으면 거친 병사에 가깝고 힘이 없으면 부드러움에 가깝다. 무릇 참는 것이 으뜸이니 항상 지고 참아라.

주해 ▶▶▶　近兵(근병): 병기에 가깝다. • 贏(이): 약함, 지다.

거 중 경 지 　 유 력 자 인
擧衆輕之여도 有力者忍이라

부 인 위 상 　 의 상 인 리
夫忍爲上이며 宜常忍贏하라.

풀이 ▶▶▶ 모든 사람들이 업신여기더라도 힘 있는 사람은 그것을 참는다. 무릇 참는 것이 으뜸이며 마땅히 항상 지는 것을 참아야 한다.

자 아 여 피 　 대 외 유 삼
自我與彼가 大畏有三이니

여 지 피 작 　 　 의 멸 기 중
如知彼作이어든 宜滅己中이니라.

풀이 ▶▶▶ 내가 어떤 사람을 대할 때 큰 두려움이 세 번이나 있으니 만일 그 하는 짓 알 수 있거든 마땅히 내 마음에서 사라지게 해야 한다.

주해 ▶▶▶ 彼作(피작): 그가 하는 것, 즉 상대방이 하는 것. • 己中(기중): 내 마음속.

구 양 행 의 　 아 위 피 교
俱兩行義하여 我爲彼敎라도

여 지 피 작 　 　 의 멸 기 중
如知彼作이면 宜滅己中이니라.

풀이 ▶▶▶ 두 가지 행의 이치를 갖추어 내가 그를 위하여 가르치더라도 그가 하는 일을 알게 되면 마땅히 내 속생각을 사라지게 해야 한다.

주해 ▶▶▶ 兩行(양행): 두 가지 행, 나의 행하는 것과 상대방이 행하는 것.

塵垢品

진구품

청탁(淸濁)을 분별하고, 결백(潔白)을 배워야 한다

사람들로 하여금 청탁(淸濁)을 분별하고, 마땅히 결백(潔白)을 배워서
더러움을 행하는 일이 없도록 권면한 것이다.

진구품자　　분별청탁　　　학당결백　　　무행오욕
塵垢品者는 分別淸濁하고 學當潔白하여 無行汚辱이니라.

풀이 ▶▶▶ 진구품(塵垢品)이란 청탁(淸濁)을 분별하고 마땅히 결백(潔白)
을 배워 오욕(汚辱)을 행하지 말 것을 이야기한 것이다.

생무선행　　　사타악도　　　왕질무간　　　도무자용
生無善行이면 死墮惡道라 往疾無間이나 到無資用이니라.

풀이 ▶▶▶ 살아서 선행(善行)을 하지 않으면 죽어서 악도(惡道)에 떨어진
다. 가는 것이 빨라 시간이 없으나 다다라서 소요되는 물건은 없다.

주해 ▶▶▶ 無間(무간): 시간이 없는 것. • 資用(자용): 필요한 물건들.

당 구 지 해　　이 연 의 정
當求智慧하여 以然意定하고

거 구 물 오　　가 리 고 형
去垢勿汚면 可離苦形이니라.

풀이 ▸▸▸ 마땅히 지혜를 구하고자 그렇게 뜻을 정하고 더러움을 떠나서
때 묻지 않으면 이 몸의 괴로움을 벗어나게 되리라.

주해 ▸▸▸ 勿汚(물오): 더러움이 묻지 않다, 즉 더러워지지 않다.

혜 인 이 점　　안 서 정 진
慧人以漸 安徐精進하여

세 제 심 구　　여 공 연 금
洗除心垢하니 如工鍊金이니라.

풀이 ▸▸▸ 지혜로운 사람은 차츰차츰 편안하게 전진하여 마음의 때를 씻
어 버리니, 마치 공장이 쇠를 불림과 같다.

악 생 어 심　　환 자 괴 형
惡生於心하여 還自塊形이

여 철 생 구　　반 식 기 신
如鐵生垢하여 反食其身이니라.

풀이 ▸▸▸ 악이 마음에서 생겨 도리어 그 몸을 허무는 것이 마치 쇠에 녹
이 나서 도리어 그 몸을 좀먹는 것과 같다.

주해 ▸▸▸ 塊形(괴형): 형체를 파괴한다, 몸을 허문다. • 反(반): 도리어.

불 송 위 언 구　　　불 근 위 가 구
不誦爲言垢하고 不勤爲家垢하며

불 엄 위 색 구　　　방 일 위 사 구
不嚴爲色垢하고 放爲事垢니라

풀이 ▸▸▸ 집의 때가 되고, 엄숙하지 않음은 얼굴빛의 때가 되고, 방일(放爲)은 일의 때가 된다.

간 위 혜 시 구　　　불 선 위 행 구
爲惠施垢하고 不善爲行垢라

금 세 역 후 세　　　악 법 위 상 구
今世亦後世이니 惡法爲常垢니라.

풀이 ▸▸▸ 인색함은 자비를 베푸는 데의 때가 되고 선하지 않음은 행실의 때가 된다. 지금 세상이 또한 다음 세상이니 나쁜 법은 항상 때가 된다.

구 중 지 구　　　막 심 어 치
垢中之垢로 莫甚於癡니

학 당 사 악　　　비 구 무 구
學當捨惡하라 比丘無垢하라.

풀이 ▸▸▸ 때 중의 때로써 어리석음보다 더한 것은 없으니 공부할 때 마땅히 악을 버림을 배워라, 비구들이여! 때를 없게 하라.

구 생 무 치   여 조 장 훼
苟生無恥하면 如鳥長喙하고

강 안 내 욕   명 왈 예 생
强顔耐辱을 名曰穢生이니라.

풀이 ▸▸▸ 구차하게 살아 부끄럼이 없으면 마치 새의 긴 부리 같고, 굳센
얼굴로 욕됨을 참는 것을 이름하여 더러운 삶이라 한다.

염 치 수 고   의 취 청 백
廉恥雖苦나 義取淸白이니

피 욕 불 망   명 왈 결 생
避辱不妄이면 名曰潔生이니라.

풀이 ▸▸▸ 청렴하여 부끄럼을 아는 것이 비록 괴로우나 청백(淸白)의 의
리(義理)를 취함이니, 욕됨을 피함이 망령되지 않으면 이름하여 깨끗한
삶이라 한다.

우 인 호 살   언 무 성 실
愚人好殺하고 言無誠實하며

불 여 이 취   호 범 인 부
不與而取하고 好犯人婦니라.

풀이 ▸▸▸ 어리석은 사람은 살생을 좋아하고 말에 성실성이 없으며, 주
지 않는데도 취하고 남의 부인 범하기를 좋아한다.

195

영 심 범 계　　미 혹 어 주
逞心犯戒하여 迷惑於酒하나니

사 인 세 세　　자 굴 신 본
斯人世世에 自掘身本이니라.

풀이 ▶▶▶　제 마음대로 계율을 범하여 술에 미혹되어 만취하나니 이런
사람은 세세토록 스스로 제 몸의 근본을 판다.

인 여 각 시　　부 당 념 악
人如覺是면 不當念惡이라

우 근 비 법　　구 자 소 몰
愚近非法하여 久自燒沒이니라.

풀이 ▶▶▶　사람이 만일 이같이 깨달았으면 마땅히 악을 생각하지 않아야
한다. 어리석은 자는 법이 아닌 것을 가까이하여 결국 스스로 몸을 불
태워 없앤다.

약 신 보 시　　욕 양 명 예
若信布施하여 欲揚名譽하며

회 인 허 식　　비 입 정 정
會人虛飾이면 非入淨定이니라.

풀이 ▶▶▶　만일 믿음으로써 보시를 한다 하면서 명예를 드날리고자 하거
나 다른 사람의 허식(虛飾)에 맞추면 이는 깨끗한 선정(禪定)에 들어가
는 것이 아니다.

일 체 단 욕　　절 의 근 원
一切斷欲하고　截意根原하여

주 야 수 일　　필 입 정 의
晝夜守一이면　必入定意로다.

풀이 ▸▸▸　모든 탐욕을 끊고 마음의 근원을 잘라 버려서 밤낮으로 한결
같이 하면 반드시 선정에 들게 되리라.

주해 ▸▸▸　守一(수일): 일은 부처님의 가르침, 곧 불법. •定意(정의): 마음이
안정됨, 마음이 한 곳에 멈추어 동요되지 않음.

착 욕 위 진　　종 염 진 루
著欲爲塵하고　從染塵漏니

불 염 불 행　　정 이 리 우
不染不行이면　淨而離愚니라.

풀이 ▸▸▸　때에 붙는 것은 티끌이 되고 티끌에 따라 물들이면 번뇌가 되
나니 물들지 않고 행하지 않으면 깨끗하여 어리석음을 떠난다.

주해 ▸▸▸　著(착): 붙이다, 달라붙다. •漏(누): 번뇌.

견 피 자 침　　상 내 자 성
見彼自侵하고　常內自省하며

행 루 자 기　　누 진 무 구
行漏自欺하여　漏盡無垢니라.

풀이 ▸▸▸　그것이 스스로 침범하는가를 보고 항상 마음속으로 반성하며,
행하여 스스로 속임을 살펴서 번뇌가 다하면 허물이 없어진다.

奉持品

봉지품

탐욕과 사치를 버려야 한다

봉지품은 도를 이해하고 도를 받들어 나아갈 것을 해설한 것인데,
부처님의 법은 남을 위해 자비를 베풀고 덕행을 쌓은 것을 귀중히 여기며,
탐욕과 사치를 버리는 것임을 말하고 있다.

봉 지 품 자　　해 설 도 의　　법 귀 덕 행　　불 용 탐 치
奉持品者는 解說道義하며 法貴德行하며 不用貪侈니라.

풀이 ▶▶▶　봉지품(奉持品)이란 도의(道義)를 해설한 것이며, 법은 덕을 행하고 귀히 여기며, 사치를 탐하지 않음을 말한 것이다.

호 경 도 자　　불 경 어 리　　유 리 무 리　　무 욕 불 혹
好經道者는 不競於利하며 有利無利에 無欲不惑이니라.

풀이 ▶▶▶　경전의 바른 도리를 아는 자는 이익을 다투지 아니하며, 이익이 있거나 이익이 없거나 욕심이 없어서 미혹되지 않는다.

주해 ▶▶▶　經道(경도): 경상(經常)의 도리, 바른 도.

상 민 호 학　　　정 심 이 행
常愍好學하고 正心以行하여

옹 회 보 혜　　　시 위 위 도
擁懷寶慧면 是謂爲道니라.

풀이 ▶▶▶ 　항상 배우기를 좋아하고 근심하며 바른 마음으로 행하여 보배
로운 지혜를 품고 지녔으면 이를 일컬어 도를 닦는다 한다.

주해 ▶▶▶ 　**擁懷**(옹회): 속에 품은 것. •**寶慧**(보혜): 보배로운 지혜. •**爲道**(위
도): 도를 닦는 것.

소 위 지 자　　　불 필 변 언
所謂智者는 不必辯言하고

무 공 무 구　　　수 선 위 지
無恐無懼하여 守善爲智니라.

풀이 ▶▶▶ 　이른바 지혜로운 사람은 반드시 말을 잘할 필요도 없고 겁도
두려움도 없이 선을 지켜 지혜로 삼는다.

봉 지 법 자　　　불 이 다 언
奉持法者는 不以多言하고

수 소 소 문　　　신 의 법 행
雖素少聞이나 身依法行이니

수 도 불 망　　　가 위 봉 법
守道不忘면 可謂奉法이니라.

풀이 ▶▶▶ 　법을 받들어 지니는 사람은 말을 많이 하지 않고 비록 듣는바

적으나 몸으로 법에 의해 행하니 도를 지켜 싫어하지 않으면 가히 법을 받든다고 이를 수 있다.

소 위 장 로   불 필 년 기
所謂長老는 不必年耆니라

형 숙 발 백   준 우 이 이
形熟髮白은 惷愚而已니라.

풀이 ▶▶▶ 이른바 늙은 사람이란 반드시 나이 많음을 말하는 것이 아니다. 몸이 쇠하고 머리가 흰 것은 느리고 어리석을 뿐이다.

주해 ▶▶▶ 形熟(형숙): 몸이 익는다, 즉 몸이 늙는 것을 말함. • 惷愚(준우): 어리석은 것을 말함. • 老者(노자): 장노(長老), 덕이 있고 행실이 높은 이.

위 회 체 법   순 조 자 인
謂懷諦法하고 順調慈仁하며

명 달 청 결   시 위 장 노
明達淸潔을 是爲長老니라.

풀이 ▶▶▶ 소위 진리의 법을 가슴에 품고 순하고 자비롭고 인자하며 밝고 멀며 맑고 깨끗한 사람을 일컬어 장로라 한다.

주해 ▶▶▶ 諦法(체법): 진리의 법.

소 위 단 정　　비 색 여 화
所謂端政은 非色如花라

간 질 허 식　　언 행 유 위
慳嫉虛飾이면 言行有違니라.

풀이 ▶▶▶ 이른바 단정한 사람이란, 얼굴빛이 꽃과 같음을 말하는 것이
아니다. 인색하고 질투하며 거짓 꾸미는 자는 말과 행실에 어긋남이
있다.

위 능 사 악　　근 원 이 단
謂能捨惡하며 根原已斷하고

혜 이 무 에　　시 위 단 정
慧而無恚면 是謂端政이니라.

풀이 ▶▶▶ 능히 악을 버리어 그 근원을 끊고 지혜로워서 성냄이 없으면
이것을 일컬어 단정한 사람이라 한다.

소 위 사 문　　비 필 제 발
所謂沙門은 非必除髮이라

망 어 탐 취　　유 욕 여 범
妄語貪取하며 有欲如凡이니라.

풀이 ▶▶▶ 이른바 사문이란 반드시 머리를 깎은 것을 말한 것이 아니다.
망령되이 말을 하고 탐내고 취하며 욕심이 있으면 범인과 같다.

주해 ▶▶▶ 沙門(사문): 머리 깎고 불문에 들어가 도를 닦는 사람.

위 능 지 악　　회 확 홍 도
謂能止惡하고 恢廓弘道하며

식 심 멸 의　　시 위 사 문
息心滅意면 是爲沙門이니라.

풀이 ▶▶▶ 이른바 능히 악을 멈추고 도량이 넓어 도를 넓히며, 마음을 쉬어 뜻을 멸하면 이렇게 함으로써 사문이 된다.

소 위 비 구　　비 시 걸 식
所謂比丘는 非時乞食이니

사 행 망 피　　칭 명 이 이
邪行望彼면 稱名而已니라.

풀이 ▶▶▶ 소위 비구란 때에 걸식함을 말하는 것이다. 사악한 행실로 그가 빠지게 되면 이름만 그러할 따름이다.

주해 ▶▶▶ 比丘(비구): 행걸승(行乞僧), 곧 밥을 빌어먹으면서 수행하는 중. 여승은 비구니라 함.

위 사 죄 복　　정 수 범 행
謂捨罪福하고 淨修梵行하여

혜 능 파 악　　시 위 비 구
慧能破惡이면 是爲比丘니라

풀이 ▶▶▶ 이른바 죄와 복을 모두 버리고 깨끗이 범행을 닦아서 지혜가 능히 악을 깨트리면 이들을 일컬어 비구라 한다.

소 위 인 명   비 구 불 언
所謂仁明은 非口不言이라

용 심 부 정   외 순 이 이
用心不淨이면 外順而已니라.

풀이 ▸▸▸ 이른바 인명(仁明)이란, 입으로 말하지 않음을 말하는 것이 아
니다. 마음 씀이 깨끗지 않으면 겉으로만 유순할 뿐이다.

위 심 무 위   내 행 청 허
謂心無爲하며 內行淸虛하며

차 피 적 멸   시 위 인 명
此彼寂滅이면 是爲仁明이니라.

풀이 ▸▸▸ 마음에 하는 것 없이 속이 맑고 비어 이것저것이 모두 적멸(寂
滅)하였으면 이것이 인명이 된다.

소 위 유 도   비 구 일 물
所謂有道는 非救一物이라

보 제 천 하   무 해 위 도
普濟天下하여 無害爲道니라.

풀이 ▸▸▸ 이른바 도가 있다는 것은 한 물건을 구제함을 말하는 것이 아
니다. 널리 천하를 제도하여 해로움이 없으면 이를 도(道)라 한다.

道行品

도행품
불법의 극치

생사의 고해를 넘어 영원한 열반의 경지에 이르는 방편과 길을 설명하였으니,
이 장이 바로 불법의 극치라고 할 수 있다.

도 행 품 자　　　지 설 대 요　　　도 탈 지 도　　　차 위 극 묘
道行品者는 旨說大要하고 度脫之道하니 此爲極妙니라.

풀이 ▶▶▶　도행품(道行品)이란 해탈의 길에 이르는 대요와 취지를 설하였
는데, 이것은 극히 미묘한 것이 된다.

주해 ▶▶▶　度脫(도탈): 생사의 괴로움을 넘어서 번뇌를 해탈한다는 뜻.

팔 직 최 상 도　　　사 체 위 법 적
八直最上道요 四諦爲法迹이라

불 음 행 지 존　　　시 등 필 득 안
不婬行之尊이요 施燈必得眼이니라.

풀이 ▶▶▶　여덟 가지 곧은 것이 최상의 길이요, 네 가지 진리가 법의 자

취가 된다. 음란하지 않은 것이 존귀한 행이요, 등불을 보시하면 반드시 눈을 얻는다.

주해 ▶▶▶ 八直(팔직): 팔정도(八正道), 여덟 가지 곧은 길. • 四諦(사체): 사성체(四聖諦). 부처님이 득도한 자취.

시 도 무 부 외   견 정 내 도 세
是道無復畏하며 見淨乃度世라

차 능 괴 마 병   력 행 멸 사 고
此能壞魔兵하며 力行滅邪苦니라.

풀이 ▶▶▶ 이 도는 더 이상 두려워할 것이 없으며 깨끗함을 보아 세상을 건너간다. 이것은 능히 마귀의 병사를 무찌르며, 힘써 행하면 사악함과 괴로움을 멸한다.

주해 ▶▶▶ 度世(도세): 생사가 있는 고해를 건넘.

아 이 개 정 도   위 대 현 이 명
我已開正道하여 爲大現異明이니

이 문 당 자 행   행 내 해 사 박
已聞當自行하라 行乃解邪縛이니라.

풀이 ▶▶▶ 나는 이미 바른 도를 열어 크게 또 다른 밝음을 밝혔으니 이것을 듣거든 스스로 행하라, 행하면 헛된 결박에서 풀려나리라.

주해 ▶▶▶ 異明(이명): 다른 사도(邪道)와는 달리 무척 밝은 길.

생 사 비 상 고   능 관 견 위 혜
生死非常苦니 能觀見爲慧니라

욕 리 일 체 고   행 도 일 체 제
欲離一切苦면 行道一切除하라.

풀이 ▶▶▶   생과 사는 덧없이 괴로운 것, 능히 이것을 알고 보는 것이 지
혜이다. 일체의 괴로움을 떠나려거든 도를 행하여 모든 것을 없애 버
려라.

생 사 비 상 공   능 관 견 위 혜
生死非常空이니 能觀見爲慧니라

욕 리 일 체 고   단 당 근 행 도
欲離一切苦면 但當勤行道니라.

풀이 ▶▶▶   생과 사는 덧없고 공한 것, 능히 이것을 알고 보는 것이 지혜
이다. 일체의 괴로움을 떠나려거든 다만 부지런히 도를 행하라.
주해 ▶▶▶   空(공): 헛된 것, 곧 허무(虛無).

기 시 당 즉 기   막 여 우 복 연
起時當卽起하여 莫如愚覆淵하라

여 타 여 첨 취   계 파 부 진 도
與墮與瞻聚를 計罷不進道니라.

풀이 ▶▶▶   일어날 때는 곧 일어나서 어리석은 자가 못을 덮는 것같이 하
지 말라. 함께 떨어지고 함께 보고 모이는 것을 헤아려 그만두면 도에
나아가지 못한다.

염 응 념 즉 정   념 불 응 즉 사
念應念則正하고 念不應則邪니

혜 이 불 기 사   사 정 도 내 성
慧而不起邪하고 思正道乃成이니라.

풀이 ▶▶▶ 생각이 응당하면 그 생각은 바르고, 생각이 응당하지 않으면 그것은 사악하다. 지혜로워서 사념을 일으키지 않고 바른 도를 생각하면 도는 곧 이루어진다.

신 언 수 의 념   신 불 선 불 행
愼言守意念하고 身不善不行하여

여 시 삼 행 제   불 설 시 득 도
如是三行除면 佛說是得道니라.

풀이 ▶▶▶ 말을 삼가고 뜻을 바로 지키고, 몸으로 선하지 않은 것을 행하지 않는, 이와 같은 세 가지 행을 닦고 다스리면 부처님은 이것이 도를 얻을 것이라 말씀하셨다.

단 수 무 벌 본   근 재 유 부 생
斷樹無伐本이면 根在猶復生이라

제 근 내 무 수   비 구 득 니 원
除根乃無樹니 比丘得泥洹이니라.

풀이 ▶▶▶ 나무를 베어도 뿌리를 자르지 않으면 뿌리가 있어서 오히려 다시 살아난다. 뿌리를 뽑아야 비로소 나무가 없어지나니 이래야만 비구가 열반을 얻는다.

불 능 단 수 　 친 척 상 련
不能斷樹면 親戚相戀하고

탐 의 자 박 　 여 독 모 유
貪意自縛은 如犢慕乳니라.

풀이 ▶▶▶ 능히 나무를 베어 버리지 못하면 친척이 서로 그리워하고 탐하는 마음이 스스로를 결박함은 마치 송아지가 어미젖을 그리워하는 것 같다.

능 단 의 본 　 생 사 무 강
能斷意本하여 生死無彊이면

시 위 근 도 　 질 득 니 원
是爲近道니 疾得泥洹이니라.

풀이 ▶▶▶ 능히 마음의 근본을 끊어서 나고 죽음에 구애됨이 없으면 이것은 도에 가깝다고 할 수 있으니 빨리 열반을 얻을 수 있다.

주해 ▶▶▶ 泥洹(이원): 열반을 말한다.

탐 음 치 사 　 진 에 치 병 　 우 치 치 사 　 제 삼 득 도
貪婬致老하고 瞋恚致病하고 愚癡致死하나니 除三得道니라.

풀이 ▶▶▶ 음욕을 탐하면 늙음에 이르게 하고, 성냄은 병에 이르게 하고, 어리석음은 죽음에 이르게 하나니, 이 세 가지를 제거하면 도를 얻게 된다.

주해 ▶▶▶ 瞋恚(진에): 자기 의사에 어그러짐에 대하여 성내는 일.

석전해후　　탈중도피
釋前解後하고 脫中度彼면

일체념멸　　무부노사
一切念滅하며 無復老死니라.

풀이 ▶▶▶ 앞의 것 풀어 버리고 뒤의 것도 풀어 버리고 중간 것도 벗어 버리면 저 언덕을 건너리니 모든 생각이 사라져 다시 늙음과 죽음이 없으리라.

인영처자　　불관병법　　사명졸지　　여수단취
人營妻子하며 不觀病法이나 死命卒至면 如水湍驟니라.

풀이 ▶▶▶ 사람이 처자를 거느리면서 병 같은 것을 보지 못하지마는 갑자기 죽음에 이르면 마치 여울물이 빨리 달리는 것 같다.

주해 ▶▶▶ 湍驟(단취): 빨리 달리는 여울물.

부자불구　　여친하망
父子不救하니 餘親何望이리오

명진호친　　여맹수등
命盡怙親은 如盲守燈이니라.

풀이 ▶▶▶ 아버지와 아들도 서로 구원하지 못하니 나머지 친족에게 어찌 바라리오. 목숨이 다할 때에 친한 이를 믿는 것은 마치 장님이 등불을 지키는 것과 같다.

주해 ▶▶▶ 餘親(여친): 나머지 친척.

廣衍品

광연품
몸을 다스리는 것보다 더 어려움은 없다

작은 선(善)이 쌓여 큰 선이 되고, 작은 악(惡)이 모여 큰 악이 된다는 것을 말하고 있다.
이런 사실을 불경의 여러 곳에서 증명한다

광 연 품 자   언 범 선 악   적 소 치 재   증 응 장 구
廣衍品者는 言凡善惡은 積小致大하여 證應章句니라.

풀이 ▶▶▶   광연품(廣衍品)이란 모든 선(善)과 악(惡)은 작은 것이 쌓이면
큰 것을 이루어 그 증거가 장구(章句)에 맞음을 말한 것이다.

시 안 수 소   기 보 미 대   혜 종 소 시   수 견 경 복
施安雖小라도 其報彌大하며 慧從小施하여 受見景福이니라.

풀이 ▶▶▶   안락을 베풂이 비록 작더라도 그 보답은 더욱 크며, 지혜는 작
은 보시(布施)를 따라 크고 밝은 복을 받게 된다.
주해 ▶▶▶   施安(시안): 평안함을 베풀어 줌. • 小施(소시): 조그만 보시. • 景福
(경복): 밝은 복, 큰 복.

시 로 어 인　　이 욕 망 우
施勞於人하여 而欲望祐면

앙 구 귀 신　　자 구 광 원
殃咎歸身하여 自邁廣怨이니라.

풀이 ▶▶▶　남에게 수고를 베풀고서 큰 복을 바란다면 재앙과 허물이 제 몸에 돌아와 스스로 많은 원망을 만나게 된다.

주해 ▶▶▶　望祐(망우): 복을 바람. • 殃咎(앙구): 재앙과 허물.

이 위 다 사　　비 사 역 조
已爲多事하고 非事亦造하며

기 락 방 일　　악 습 일 증
伎樂放逸하면 惡習日增이니라.

풀이 ▶▶▶　이미 많은 일을 하고 옳지 못한 일을 또 만들어 하며, 기생과 풍악으로 방탕하게 놀면 나쁜 버릇은 날로 더해만 간다.

정 진 유 행　　습 시 사 비
精進惟行하여 習是捨非하며

수 신 자 각　　시 위 정 습
修身自覺하면 是爲正習이라.

풀이 ▶▶▶　오로지 정진을 행하여 옳음을 익히고 그름을 버리며, 몸을 닦아 스스로 깨달으면 이것을 바른 버릇이라 한다.

주해 ▶▶▶　習是(습시): 옳은 것을 익힘. • 捨非(사비): 그른 것을 버림.

기 자 해 혜　　우 다 학 문
旣自解慧하고 又多學問이면

점 진 보 광　　유 수 투 수
漸進普廣이 油酥投水니라.

풀이 ▶▶▶　이미 스스로 지혜를 깨닫고 또 많은 학문을 닦으면 점점 나아
가고 널리 퍼지는 것이 마치 기름과 우유를 물에 부은 것 같다.

주해 ▶▶▶　普廣(보광): 넓게 퍼짐. • 油酥(유수):기름과 우유(소, 양의 젖, 연유).

자 무 혜 의　　불 호 학 문
自無慧意하고 不好學問이면

응 축 협 소　　락 수 투 수
凝縮狹小하여 酪酥投水니라.

풀이 ▶▶▶　스스로 지혜가 없으면서 학문을 좋아하지 않으면 엉기어 움츠
려들고 협소(狹小)해 지는 것이 마치 낙수(酪酥)를 물에 던지는 것 같다.

주해 ▶▶▶　凝縮(응축): 엉기어 줄어듦. • 酪酥(낙수): 소젖을 가공한 음료.

근 도 명 현　　여 고 산 설
近道名顯하여 如高山雪하고

원 도 암 매　　여 야 발 전
遠道闇昧하여 如夜發箭이라.

풀이 ▶▶▶　도를 가까이하면 이름이 드러나 마치 높은 산의 눈과 같고 도
를 멀리하면 어둡고 어리석어져 마치 밤에 화살을 쏘는 것 같다.

주해 ▶▶▶　闇昧(암매): 어둡고 어리석음. • 發箭(발전): 화살을 쏘는 것.

위 불 제 자 　 상 오 자 각
爲佛弟子면 常寤自覺하고

주 야 염 불 　 유 법 사 중
晝夜念佛하고 惟法思衆하라.

풀이 ▶▶▶ 불제자가 되었으면 항상 깨어 있으며 스스로 깨닫고 낮이나 밤이나 부처님을 외우고 오직 법과 중생을 생각해야 한다.

위 불 제 자 　 상 오 자 각
爲佛弟子면 常寤自覺하고

일 모 사 선 　 낙 관 일 심
日暮思禪하며 樂觀一心이니라.

풀이 ▶▶▶ 불제자가 되었으면 마땅히 깨어 있으며 스스로 깨닫고 낮이나 밤이나 선정을 생각하며 그 마음 살펴보기를 즐거워해야 한다.

주해 ▶▶▶ 思禪(사선): 선정(禪定)을 생각함. 선정이란, 가부좌하고 앉아 속정(俗情)을 끊고 마음을 고요히 하여 삼매경에 이름. 정(定)은 마음이 안정되어 적정(寂靜)에 멈춤을 뜻함.

인 당 유 념 의 　 매 식 지 자 소
人當有念意니 每食知自小면

즉 시 통 욕 박 　 절 소 이 보 수
則是痛欲薄하여 節消而保壽니라.

풀이 ▶▶▶ 사람은 마땅히 생각이 있어야 하나니 먹을 때마다 스스로 먹을 줄 알면 곧바로 병고와 탐욕이 적어져서 정력의 소모를 절제하고 수명을 보전한다.

주해 ▶▶▶ 節消(절소): 정력의 소모를 절제함 • 保壽(보수): 수명을 보전함.

학 난 사 죄 난　　거 재 가 역 난
學難捨罪難하고 居在家亦難하며

회 지 동 리 난　　난 난 무 과 유
會止同利難하니 難難無過有니라.

풀이 ▶▶▶ 학문도 어렵고 죄를 버리기도 어렵고 집에서 사는 것 역시 어려우며 남과 모여 이익을 같이 하기도 어렵나니, 어려움 가운데서도 몸을 가짐보다 더 어려움이 없도다.

주해 ▶▶▶ 會止(회지): 남과 함께 한 곳에 모이는 것을 말함.

비 구 걸 구 난　　하 가 부 자 면
比丘乞求難하니 何可不自勉이리오

정 진 득 자 연　　후 무 욕 어 인
精進得自然이니 後無欲於人이니라.

풀이 ▶▶▶ 비구는 다니며 구걸하기 어렵나니 어찌 스스로 힘쓰지 않을까? 정진하면 자연히 얻어지나니 그런 뒤에는 남에게 바랄 것 없다.

주해 ▶▶▶ 無欲(무욕): 하고자 하는 것이 없다. 바라는 것이 없음을 뜻함.

유 신 즉 계 성   종 계 다 치 보
有信則戒成하고 從戒多致寶하며

역 종 득 해 우   재 소 견 공 양
亦從得諧偶하여 在所見供養이니라

풀이 ▸▸▸ 믿음이 있으면 계율이 이루어지고 계율에 따르면 많은 보물을
얻으며, 또한 따라 좋은 벗을 얻어서 가는 곳마다 공양을 받는다.

주해 ▸▸▸ 戒成(계성): 계율 지키기를 성취함. • 致寶(치보): 보물을 이르게 한
다. 여기서의 보물은 불(佛), 법(法), 승(僧) 삼보(삼보)를 일컫는다 • 諧偶(해
우): 뜻을 같이 하는 사람.

일 좌 일 처 와   일 행 무 방 자
一坐一處臥하며 一行無放恣하고

수 일 이 정 신   심 락 거 수 간
守一以正身이면 心樂居樹間이니라.

풀이 ▸▸▸ 한 자리에 앉고 한 자리에 누우며 한 가지 행에도 방자함이 없
이 한 가지를 지켜 몸을 바르게 하면 마음이 즐거워 나무 사이에 사는
것 같다.

주해 ▸▸▸ 守一(수일): 하나의 진리인 불법을 지킴. • 身(정신): 몸을 바르게 하는 것.

地獄品

지옥품

지옥에도 받는 죄에 따라 여러 가지이다

살아서 죄를 지은 사람은 죽어서 지옥에 떨어져 갖은 고통을 당하게 되는데,
그 지옥에도 받는 죄에 따라 여러 가지가 있다.

지 옥 품 자 　 도 니 리 사
地獄品者는 道泥梨事니

작 악 수 악 　 죄 견 불 치
作惡受惡하여 罪牽不置니라.

풀이 ▶▶▶ 지옥품(地獄品)이란 지옥의 일을 말한 것이니, 악을 지으면 악보(惡報)를 받아 죄 지은 자를 그대로 두지 않음을 말한 것이다.

주해 ▶▶▶ 泥梨(이리): 지옥. • 罪牽(죄견): 죄에 이끌려 가는 것. • 不置(불치): 그대로 두지 않음.

망 어 지 옥 근 　 작 지 언 부 작
妄語地獄近이라 作之言不作이면

이 죄 후 구 수 　 자 작 자 견 왕
二罪後俱受하니 自作自牽往이니라.

풀이 ▸▸▸ 　거짓말을 하면 지옥이 가까워진다. 하고도 안 했다고 말하면
두 가지 죄를 모두 받나니 자기가 행한 대로 스스로 끌고 간다.

법 의 재 기 신 　 위 악 부 자 금
法衣在其身하고 爲惡不自禁하여

구 몰 악 행 자 　 종 즉 타 지 옥
苟沒惡行者는 終則墮地獄이니라.

풀이 ▸▸▸ 　법의를 그 몸에 걸치고 악을 행하여 스스로 금하지 못하여 진
실로 악행에 빠지는 자는 마침내 지옥에 떨어지고 만다.

주해 ▸▸▸ 　法衣(법의): 스님들이 입는 먹물 옷.

무 계 수 공 양 　 리 기 불 자 손
無戒受供養이면 理豈不自損이리오

사 담 소 철 환 　 연 열 극 화 탄
死噉燒鐵丸이니 然熱劇火炭이니라.

풀이 ▸▸▸ 　계율을 지키지 않고 공양을 받으면 그 이치가 어찌 스스로를
해치지 않으리오. 죽어서 불타는 쇠구슬을 삼키게 되니 그것은 뜨겁게
불타는 숯보다 더 심하다.

방일유사사   호범타인부
放逸有四事하니 好犯他人婦요

와험비복리   훼삼음일사
臥險非福利여 毀三淫泆四니라.

풀이 ▸▸▸ 방일(放逸)에는 네 가지 일이 있으니, 남의 부인을 범하기 좋아
하는 것이요, 이로 인해 위험한 데 눕는 것은 복되고 이로운 것이 아니
며, 남을 헐뜯는 것이 셋째요, 음란한 것이 넷째이다.

주해 ▸▸▸ 臥險(와험): 위험한 곳에 누워 있는 것 • 淫泆(음일): 음탕하게 노는
것을 말함.

불복리타악   외이외락과
不福利墮惡하나니 畏而畏樂寡하며

왕법중벌가   신사입지옥
王法重罰加하고 身死入地獄이니라.

풀이 ▸▸▸ 복과 이익이 아닌 것은 악에 떨어지나니 악을 두려워하고 즐
거움이 적을까 두려워하며 왕법(王法)이 중벌(重罰)을 가하고 몸이 죽
으면 지옥에 들어간다.

주해 ▸▸▸ 王法(왕법): 임금의 법도(法度).

비여발관초   집완즉상수
譬如拔管草에 執緩則傷手하여

학계불금제   옥록내자적
學戒不禁制면 獄錄乃自賊이니라.

풀이 ▶▶▶ 마치 왕골 풀을 뽑을 때 잡는 것이 느슨하면 손을 다침과 같이 계율을 배워 금제(禁制)하지 않으면 옥록(獄錄)이 스스로 해친다.

주해 ▶▶▶ 管草(관초): 왕골 풀 • 獄錄(옥록): 옥의 장부. 여기서 옥은 지옥을 가리킴.

인 행 위 만 타   불 능 제 중 로
人行爲慢惰면 不能除衆勞하고

범 행 유 점 결   종 불 수 대 복
梵行有玷缺이면 終不受大福이니라.

풀이 ▶▶▶ 사람이 수행을 게을리하면 온갖 괴로움을 제거할 수 없고, 불법을 닦음에 흠이나 모자람이 있으면 마침내 큰 복을 받지 못한다.

주해 ▶▶▶ 慢惰(만타): 게을리하다. • 衆勞(중로): 온갖 괴로움. • 玷缺(점결): 흠이나 결함.

상 행 소 당 행   자 지 필 령 강
常行所當行하고 自持必令強하며

원 리 제 외 도   막 습 위 진 구
遠離諸外道하여 莫習爲塵垢하라.

풀이 ▶▶▶ 항상 행할 것을 마땅히 행하고 반드시 스스로 굳세게 간직하며, 모든 외도(外道)를 멀리 떠나서 절대로 티끌과 때가 되는 것을 익히지 말라.

주해 ▶▶▶ 當行(당행): 마땅히 행할 것. • 外道(외도): 불도가 아닌 다른 가르침. • 塵垢(진구): 티끌과 때, 곧 더러운 행실.

위 소 부 당 위　　연 후 치 울 독
爲所不當爲면 然後致鬱毒이라

행 선 상 길 순　　　소 적 무 회 린
行善常吉順하며 所適無悔悋이니라.

풀이 ▶▶▶ 하지 않아야 할 일을 행하면 그 뒤에 답답하고 괴로움이 다가
온다. 선을 행하면 항상 길하고 순조로우며 가는 곳마다 뉘우침이 없
도다.

주해 ▶▶▶ 不當爲(부당위): 마땅히 해서는 안 되는 행위. • 鬱毒(울독): 답답하
고 괴로움. • 悔悋(회린): 뉘우침.

기 어 중 악 행　　욕 작 약 이 작
其於衆惡行에 欲作若已作이면

시 고 불 가 해　　　죄 근 난 득 피
是苦不可解하고 罪近難得避니라.

풀이 ▶▶▶ 그 온갖 악행에 있어 하고 싶은 것을 만약 이미 했다면 그 괴
로움 풀릴 수가 없고 죄가 가까워서 피할 수가 없다.

주해 ▶▶▶ 若已作(약이작): 만약 이미 하였으면.

망 증 구 패　　행 이 부 정
妄證求敗면 行已不正이니

원 참 양 인　　　이 왕 치 사
怨讃良人하여 以枉治士면

죄 박 사 인　　　자 투 우 갱
罪縛斯人하여 自投于坑이니라.

풀이 ▶▶▶ 망령된 증거로 남을 이기기를 구했으면 행동이 이미 바르지 못한데다 착한 사람을 원망하고 모함하여 송옥(訟獄) 다스림을 받게 하면 죄가 이 사람을 결박하여 스스로를 구덩이에 내던진다.

주해 ▶▶▶ 求敗(구패): 패는 깨뜨린다는 뜻이니, 즉 남을 이기기를 구하는 것. • 怨讒(원참): 원망하고 모함하는. • 治士(치사): 사는 형옥(刑獄)을 맡아 다스리는 벼슬아치이니, 여기서는 옥중을 다스림을 뜻함.

여 비 변 성　　중 외 뢰 고　　자 수 기 심　　비 법 불 생
如備邊城에 中外牢固하여 自守其心이면 非法不生이니라

행 결 치 우　　영 타 지 옥
行缺致憂하고 令墮地獄이니라.

풀이 ▶▶▶ 마치 변성(邊城)을 방비하되 안과 밖을 굳게 하는 것처럼 스스로 그 마음을 지키면 그른 법이 생기지 않는다. 행동이 이지러지면 근심이 이르고 죽어서 지옥에 떨어지게 된다.

주해 ▶▶▶ 邊城(변성): 변방, 즉 국경 변방에 있는 성지(城地)를 말함. • 牢固(뇌고): 매우 견고한 것.

가 수 불 수　　비 수 반 수　　생 위 사 견　　사 타 지 옥
可羞不羞하고 非羞反羞면 生爲邪見하고 死墮地獄이니라.

풀이 ▶▶▶ 부끄러워할 것을 부끄러워하지 않고 부끄러워하지 않을 것을 도리어 부끄러워하면 살아서는 사견(邪見)이 되고, 죽어서는 지옥에 떨어진다.

주해 ▶▶▶ 邪見(사견): 사특한 견해.

象喻品

상유품

스스로 마음을 지키면 코끼리가 구덩이를 벗어남과 같다

사람이 몸가짐을 바르게 하고 선을 행하여, 그 진실된 바를 이룬다면
복의 과보가 곧 이르게 되어 일신이 편안해진다는 것을
코끼리 다루는 것에 비유하여 설명하고 있다.

상 유 품 자　　교 인 정 신
象喻品者는 敎人正身하여

위 선 득 선　　　복 보 쾌 언
爲善得善이면 福報快焉이니라.

풀이 ▶▶▶　상유품(象喻品)이란 사람에게 몸을 바르게 하여, 선을 행해서
선을 얻으면 복의 갚음이 빠름을 가르친 것이다.

주해 ▶▶▶　快焉(쾌언): 빠르다, 언은 어조사.

아 여 상 투　　불 공 중 전　　　상 이 성 신　　　도 무 계 인
我如象鬪에 不恐中箭하여　常以誠信으로 度無戒人이니라.

풀이 ▶▶▶　나는 마치 코끼리가 싸울 때에 화살에 맞는 것을 두려워하지

않는 것처럼 항상 정성과 믿음으로 계율이 없는 사람을 제도한다.

주해 ▶▶▶ 中箭(중전): 화살에 맞음.

비 상 조 정　　　가 중 왕 승
譬象調正이면　可中王乘이니

조 위 존 인　　　내 수 성 신
調爲尊人하여　乃受誠信이니라.

풀이 ▶▶▶ 비유컨대 코끼리가 잘 길들면 임금이 타기에 알맞은 것처럼 잘 길들여진 사람도 존귀한 사람이 되어 남의 정성과 믿음을 받게 된다.

주해 ▶▶▶ 調正(조정): 길들임이 바름. • 王乘(왕승): 임금이 타는 것.

수 위 상 조　　　여 피 신 치
雖爲常調도　如彼新馳라

역 최 선 상　　　불 여 자 조
亦最善象은　不如自調니라.

풀이 ▶▶▶ 비록 코끼리를 항상 길들인다 해도 저와 같이 새로이 잘 달리는 것과 같다. 그리고 가장 좋은 코끼리는 역시 스스로 길들여짐만 못하다.

주해 ▶▶▶ 新馳(신치): 태어난 지 얼마 안 되어 새로이 뛰어다니는 것.

피 불 능 적 인 소 부 지   유 자 조 자   능 도 조 방
彼不能適人所不至나 唯自調者는 能到調方이니라.

풀이 ▸▸▸   그들(코끼리)은 사람이 이르지 못하는 곳을 능히 가지는 못하
지만 오직 스스로 길들여진 자는 능히 길들여진 곳에 이른다.

여 상 명 재 수   맹 해 난 금 제
如象名財守는 猛害難禁制니

계 반 불 여 식   이 유 폭 일 상
繫絆不與食이면 而猶暴逸象이니라.

풀이 ▸▸▸   저 재수(財守)라 이름하는 코끼리 같은 것은 사납게 해치어 제
어하기 어렵나니 몸을 묶어 두면 주는 밥도 먹지 않아 마치 사납게 달
리는 코끼리 같다.
주해 ▸▸▸   財守(재수): 사나운 코끼리 이름. • 繫絆(계반): 몸을 결박하는 것.
• 猶(유): 같음. • 暴逸(폭일): 사납게 달리는 것.

몰 재 악 행 자   항 이 탐 자 계
沒在惡行者는 恒以貪自繫하여

기 상 부 지 염   고 수 입 포 태
其象不知厭하며 故數入胞胎니라.

풀이 ▸▸▸   악행에 빠져 있는 사람은 항상 탐욕으로 인하여 스스로 결박
함이 마치 만족할 줄 모르는 코끼리 같으므로 자주 포태에 들어간다.
주해 ▸▸▸   胞胎(포태): 모태 속에 들어가 윤회함.

본의위순행　　급상행소안
本意爲純行하고 及常行所安하며

실사항복결　　여구제상조
純行降伏結이면 如鉤制象調니라.

풀이 ▸▸▸　본래의 마음으로 순결한 행을 하고 또한 항상 편안하도록 행하며, 탐욕의 마음을 모두 버리고 번뇌를 항복받으면 갈고리로 코끼리를 조련하여 길들임과 같다.

주해 ▸▸▸　純行(순행): 순진한 행실. • 純行(실사): 모두 버리는 것, 곧 모든 탐욕의 마음을 버림. • 制象調(제상조): 코끼리를 제어하여 길들임.

낙도불방일　　능상자호심
樂道不放逸하고 能常自護心이면

시위발신고　　여상출우감
是爲拔身苦니 如象出于坎이니라.

풀이 ▸▸▸　도를 즐기며 방일하지 않고 능히 항상 스스로의 마음을 지키면 이것은 몸의 괴로움을 빼앗는 것이니, 마치 코끼리가 구덩이를 벗어남과 같다.

약득현능반　　구행행선한
若得賢能伴하여 俱行行善悍이면

능복제소문　　지도부실의
能伏諸所聞하고 至到不失意니라.

풀이 ▸▸▸　만약 현명하고 유능한 짝을 얻어 함께 선을 행함이 굳세면 능히 모든 소문을 항복받고 드디어 이르는 뜻을 잃지 않게 될 것이다.

부 득 현 능 반　　구 행 행 악 한
不得賢能伴하여 俱行行惡悍이면

광 단 왕 읍 리　　영 독 불 위 악
廣斷王邑里하여 寧獨不爲惡이니라.

풀이 ▶▶▶ 어질고 유능한 짝을 얻지 못하여 둘이 함께 악행을 심히 한다면, 왕의 넓은 고을과 마을의 인연을 끊을지라도 차라리 혼자가 되어 악을 짓지 말지니라.

주해 ▶▶▶ 賢能(현능): 현명하고 유능함. • 王邑里(왕읍리): 임금이 다스리는 읍과 마을, 즉 속세.

영 독 행 위 선　　불 여 우 위 려
寧獨行爲善하여 不與愚爲侶니

독 이 불 위 악　　여 상 경 자 호
獨而不爲惡을 如象驚自護하라.

풀이 ▶▶▶ 차라리 혼자서 선을 행할지언정 어리석은 자와 더불어 짝하지 말 것이니 혼자서 악을 짓지 않음을 마치 놀란 코끼리가 제 몸을 보호하듯 하라.

생 이 유 리 안   반 연 화 위 안
生而有利安하고 伴軟和爲安하며

명 진 위 복 안   중 악 불 범 안
命盡爲福安하고 衆惡不犯安이니라.

풀이 ▶▶▶   살아서 이익이 있으면 편안하고, 짝이 부드럽고 온화하면 편
안하며, 목숨이 다하도록 복이 있으면 편안하고, 모든 악을 범하지 않
으면 편안하다.

가 유 유 모 락   유 부 사 역 락
人家有母樂하고 有父斯亦樂이라

세 유 사 문 락   천 하 유 도 락
世有沙門樂하고 天下有道樂이니라.

풀이 ▶▶▶   사람의 집에 어머니가 계시면 즐겁고 아버지가 계시면 이 또
한 즐겁다. 세상에는 사문이 있음이 즐겁고 천하에는 도가 있어서 즐
겁다.

지 계 종 노 안   신 정 소 정 선
持戒終老安하고 信正所正善하며

지 혜 최 안 신   불 범 악 최 안
智慧最安身하고 不犯惡最安이니라.

풀이 ▶▶▶   계율을 가지면 마침내 늙어서 편안하고 바른 것을 믿으면 바
른 것이 좋으며, 지혜가 가장 몸을 편안하게 하고 악을 범하지 않는 것
이 가장 편안하다.

여 마 조 연　　　수 의 소 여
如馬調軟하면 隨意所如하여

신 계 정 진　　　정 법 요 구
信戒精進과 定法要具니라.

풀이 ▶▶▶　말을 유순하게 길들이면 뜻에 따라 어디든 가는 것처럼 믿음
과 계율과 정진(精進)과 선정의 법을 반드시 갖추어라.

주해 ▶▶▶　定法(정법): 정은 마음을 고요하고 깨끗한 데에 멈추어서 동요됨이
없는 것이니, 참선(參禪)이 그 방법이 됨.

명 행 성 립　　　인 화 의 정
明行成立하고 忍和意定이면

시 단 제 고　　　수 의 소 여
是斷諸苦하여 隨意所如니라.

풀이 ▶▶▶　밝은 행이 이루어지고 참고 화평하여 뜻이 안정되면 이는 온
갖 괴로움을 끊어서 마음 따라 어디에고 따르게 된다.

종 시 왕 정　　　여 마 조 어
從是住定이니 如馬調御하며

단 에 무 루　　　시 수 천 락
斷恚無漏면 是受天樂이니라.

풀이 ▶▶▶　이를 따라 선정으로 나아가니 마치 말을 잘 길들임과 같으며,
성냄을 끊고 번뇌를 모두 없애면 이는 하늘의 복락을 받는다.

주해 ▶▶▶　住定(왕정): 선정으로 나아감. • 調御(조어): 조복하여 제어함.

愛欲品

애욕품
음란한 애욕은 재앙을 받게 된다

세상 사람들은 흔히 음란한 애욕과, 천박한 남녀 간의 교분과,
해서는 안 될 애욕 등으로 인해 과오를 범하고 죄를 짓고, 따라서 한없이 큰 번민 속에 빠져서
재앙을 받게 된다.

애 욕 품 자　　천 음 은 애　　세 인 위 차　　　성 생 재 해
愛欲品者는 賤婬恩愛로 世人爲此하여 盛生災害니라.

풀이 ▶▶▶　애욕품(愛欲品)이란 천한 음행과 은혜와 애정으로 세상 사람들
이 그로 인해 재앙을 많이 일으킴을 말한 것이다.

주해 ▶▶▶　賤婬(천음): 천한 음행. • 盛生(성생): 많이 낳음, 많이 일으킴.

심 방 재 음 행　　　욕 애 증 지 조
心放在婬行이면 欲愛增枝條하여

분 포 생 치 성　　　초 약 탐 과 후
分布生熾盛하나니 超躍貪果猴니라.

풀이 ▶▶▶　마음을 음행에 놓아 버리면 애욕의 가지가 뻗어나서 사방으로

퍼져 왕성하게 되나니 마치 과실을 탐하는 원숭이가 날뛰는 것과 같다.

주해 ▶▶▶ 增枝條(증지조): 가지가 뻗어나는 것. • 熾盛(치성): 불길이 타오르듯 세력이 왕성함. • 超躍(초약): 힘차게 뛰는 것.

이 위 애 인 고　　탐 욕 착 세 간
以爲愛忍苦하여　貪欲著世間이면

우 환 일 야 장　　연 여 만 초 생
憂患日夜長하여　筵如蔓草生이니라.

풀이 ▶▶▶ 애욕을 참기 괴롭다 하여 세상일을 탐내고 집착하면, 근심 걱정이 밤낮으로 자라나서 마치 풀 덩굴이 뻗어나가는 것 같으리라.

주해 ▶▶▶ 蔓草(만초): 덩굴이 뻗어나는 풀.

인 위 은 애 혹　　불 능 사 종 욕
人爲恩愛惑하여　不能捨情欲하나니

여 시 우 애 다　　잔 잔 영 우 지
如是憂愛多하여　潺潺盈于池니라.

풀이 ▶▶▶ 사람들은 은혜와 사랑에 미혹되어 정욕을 버리지 못하나니 이같이 하여 근심과 애정이 많아져서 마치 물이 졸졸 흘러 못을 채우듯하네.

주해 ▶▶▶ 潺潺(잔잔): 물이 흐르는 모양. • 盈于池(영우지): 연못을 가득 채움.

부소이우비　세간고비일　　단위연애유　이애즉무우
夫所以憂悲는 世間苦非一이나 但爲緣愛有니 離愛則無憂니라.

풀이 ▸▸▸ 무릇 근심과 슬픔 등 세상의 괴로움이란 하나만은 아니나 이
것은 오직 애욕 때문에 연유(緣由)된 것이니 애욕을 떠나면 근심이 없
어진다.

주해 ▸▸▸ 緣愛有(연애유): 애욕이 있음에 연유함.

기의안기우　　무애하유세　　불우불염구　　불애언득안
己意安棄憂니 無愛何有世리오 不憂不染求하고 不愛焉得安이니라.

풀이 ▸▸▸ 근심을 버리면 편안하니 애욕이 없으면 어찌 세상이 있으랴.
근심하지 않으며 집착하여 구하지 않고 사랑하지 않으면 편안함을
얻으리라.

주해 ▸▸▸ 染求(염구): 집착하여 구함. • 不愛焉(불애언): 언(焉)은 어조사, 사랑
하지 않는다.

유애이사시　　위치친속다
有愛以死時에는 爲致親屬多하나니

섭우지장도　　애고상타위
涉憂之長塗에 愛苦常墮危니라.

풀이 ▸▸▸ 근심이 있으면 죽을 때 이에 따르는 번뇌도 많나니 근심의 먼
길 떠날 때 애욕의 괴로움으로 위험에 처하네.

주해 ▸▸▸ 親屬(친속): 친한 붙이.

위 도 행 자   불 여 욕 회
爲道行者는 不與欲會하나니

선 주 애 본   무 소 식 근
先誅愛本하고 無所植根하여

물 여 예 위   영 심 복 생
勿如刈葦하며 令心復生이니라.

풀이 ▶▶▶ 도(道)를 위하여 수행하는 자는 욕심과 만나려 하지 않나니, 먼저 애욕의 뿌리를 끊고 다시 심음이 없이, 마치 갈대를 벤 것처럼 마음이 다시 생겨나지 않도록 한다.

주해 ▶▶▶ 不與欲會(불여욕회): 여기서 여(與)는 '······와' 또는 '······과'의 뜻이 되어 욕심과 만나지 않음. • 愛本(애본): 애욕의 뿌리. • 令心(영심): 마음으로 하여금.

여 수 근 심 고   수 절 유 부 생   애 의 부 진 제   첩 당 환 수 고
如樹根深固하여 雖截猶復生이니 愛意不盡除면 輒當還受苦니라.

풀이 ▶▶▶ 나무뿌리가 깊고 굳으면 비록 끊어져도 다시 나는 것처럼 애욕의 뜻을 모두 없애지 못하면 문득 또다시 괴로움을 받는다.

원 후 득 이 수   득 탈 부 취 수   중 인 역 여 시   출 옥 부 입 옥
猿猴得離樹도 得脫復趣樹니라 衆人亦如是하여 出獄復入獄니라.

풀이 ▶▶▶ 원숭이가 나무를 벗어난다 하여도 다시 나무로 되돌아간다. 뭇 사람들도 역시 이와 같아서 (욕정의) 옥에서 나왔다가 다시 옥으로 들어간다.

탐 의 위 상 류   습 여 교 만 병
貪意爲常流하고 習與驕慢幷하여

사 상 의 음 욕   자 복 무 소 견
思想猗婬欲이면 自覆無所見이니라.

풀이 ▶▶▶ 탐하는 마음은 흐르는 물결이 되고 습관은 교만과 어울려서 생각이 음욕으로 기울어지면 스스로 마음을 덮어서 보는 바가 없게 된다.

주해 ▶▶▶ 常流(상류): 항상 흐름, 곧 마음속에 늘 흐르고 있음.

일 체 의 류 연   애 결 여 갈 등
一切意流衍하고 愛結如葛藤이니

유 혜 분 별 견   능 단 의 근 원
唯慧分別見하여 能斷意根原이니라.

풀이 ▶▶▶ 모든 생각은 흘러넘치고 애욕의 얽힘은 칡과 등 넝쿨 같나니 오직 지혜만이 이를 분별하여 보아서 능히 뜻의 뿌리를 끊어 버린다.

주해 ▶▶▶ 流衍(유연): 넘쳐흐름. • 愛結(애결): 애정이 맺어짐, 서로 얽히는 것.

부 종 애 윤 택   사 상 위 자 만   애 욕 심 무 저   노 사 시 용 증
夫從愛潤澤이면 思想爲滋蔓하고 愛欲深無底니 老死是用增이니라.

풀이 ▶▶▶ 무릇 애욕의 윤택함을 좇으면 생각은 뻗어나는 넝쿨이 되고 애욕은 깊어져서 밑이 없나니, 늙고 죽음이 이것으로써 불어난다.

주해 ▶▶▶ 滋蔓(자만): 차츰 뻗어나 퍼짐. • 是用增(시용증): 이것을 써서 늘어남, 이것으로 하여 수가 많아짐.

소 생 지 부 절 　　단 용 식 탐 욕
所生枝不絕이니　但用食貪欲하여

양 원 익 구 총 　　우 인 상 급 급
養怨益丘塚인데　愚人常汲汲이니라.

풀이 ▶▶▶ 　생겨나는 가지는 끊임이 없으나 다만 탐욕을 먹고 살아 원한을
길러 무덤만 더할 뿐인데, 어리석은 사람은 항상 여가에만 급급하다.

주해 ▶▶▶ 　丘塚(구총): 무덤. • 汲汲(급급): 무슨 일에 마음을 쏟아 쉴 사이가 없
는 것.

수 옥 유 구 쇄 　　해 인 불 위 뢰
雖獄有鉤鎖하나　慧人不謂牢라

우 견 저 자 식 　　엄 착 애 심 뢰
愚見妻子息하여　染著愛甚牢니라.

풀이 ▶▶▶ 　비록 감옥에 쇠고랑과 자물통이 있다 해도 지혜로운 사람은
튼튼하다 하지 않는다. 어리석은 사람은 아내와 자식에게 집착하여 사
랑함이 매우 굳음을 본다.

주해 ▶▶▶ 　鉤鎖(구쇄): 쇠고랑과 자물통. • 染著(염착): 집착.

혜 설 애 위 옥 　　심 고 난 득 출
慧說愛爲獄하여　深固難得出이라

시 고 당 단 기 　　불 시 욕 능 안
是故當斷棄하라　不視欲能安이니라.

풀이 ▶▶▶ 　지혜로운 이는 말하기를, 애욕은 감옥이 되며 깊고 굳어서 벗

어남을 얻기 어렵다 했다. 그러므로 마땅히 끊어 버려야 한다. 애욕을
보지 않으면 편안할 수 있다.

주해 ▶▶▶ 難得出(난득출): 벗어남을 얻기 어려움 • 斷棄(단기): 끊어 버림.

견 색 심 미 혹　　　불 유 관 무 상
見色心迷惑하여 不惟觀無常하고

우 이 위 미 선　　　안 지 기 비 진
愚以爲美善하나니 安知其非眞이리오.

풀이 ▶▶▶ 여색을 보고 마음이 미혹되어 그것이 무상하다고 보지 못하고
어리석은 자는 아름답고 좋다고 하나니, 어찌 그것이 진실이 아님을
알 수 있으랴.

주해 ▶▶▶ 美善(미선): 아름답고 좋음. • 安(안): 어찌. • 非眞(비진): 진실이 아닌 것.

이 음 락 자 리　　　비 여 잠 작 견
以婬樂自裏는 譬如蠶作繭이니

지 자 능 단 기　　　불 혜 제 중 고
智者能斷棄하고 不眄除衆苦니라.

풀이 ▶▶▶ 음행의 즐거움으로 스스로를 감싸는 것은 비유컨대 누에가 고
치를 짓는 것 같으나, 지혜로운 사람은 능히 이를 끊어 버리고 온갖 괴
로움을 보지도 않으며 없애 버린다.

주해 ▶▶▶ 婬樂(음락): 음행의 즐거움.

심 념 방 일 자　　　견 음 이 위 정
心念放逸者는 見婬以爲淨하나니

은 애 의 성 증　　종 시 조 옥 뢰
恩愛意盛增하여 從是造獄牢니라.

풀이 ▶▶▶ 늘 마음으로 방일을 생각하는 사람은 음행을 보고 깨끗하다 하나니, 은혜와 사랑의 마음이 더욱 왕성해서 끝내 감옥을 만들어 그 속에 갇힌다.

주해 ▶▶▶ 盛增(성증): 더욱 왕성함. • 造獄牢(조옥뢰): 감옥을 만들어 갇히다.

각 의 멸 음 자　　상 념 욕 부 정
覺意滅婬者는 常念欲不淨하나니

종 시 출 사 옥　　능 단 노 사 환
從是出邪獄하여 能斷老死患이니라.

풀이 ▶▶▶ 마음으로 깨달아 음욕을 멸한 자는 항상 음욕이 깨끗하지 않음을 생각하나니 끝내 사악한 감옥을 벗어나서 능히 늙고 죽음의 근심을 끊어 버린다.

주해 ▶▶▶ 滅婬(멸음): 음행의 욕심을 없앰.

이 욕 망 자 폐　　이 애 개 자 복
以欲網自蔽하고 以愛蓋自覆하며

자 자 박 어 옥　　여 어 입 구 구
自恣縛於獄이 如魚入笱口니라.

풀이 ▶▶▶ 탐욕의 그물로 스스로를 가리고 애욕의 덮개로 스스로를 덮으며, 스스로 방자하여 감옥에 묶이는 것이 마치 물고기가 통발 입구로 들어가는 것 같다.

주해 ▶▶▶ 欲網(욕망): 탐욕의 그물. • 愛蓋(애개): 사랑의 덮개. • 笱口(구구):
통발 주둥이. 통발은 물고기 잡는 제구.

위 도 사 소 사   약 독 구 모 유
爲老死所伺는 若犢求母乳니

이 욕 멸 애 적   출 망 무 소 폐
離欲滅愛迹이면 出網無所蔽니라

풀이 ▶▶▶ 늙음과 죽음이 엿보는 것은 마치 송아지가 어미의 젖을 구하
는 것과 같으니, 탐욕을 떠나고 애욕의 자취를 없애면 그물을 벗어나
걸림이 없다.

주해 ▶▶▶ 伺(사): 엿보다. • 愛迹(애적): 애정의 흔적.

진 도 제 옥 박   일 체 차 피 해
盡道除獄縛하고 一切此彼解하여

이 득 도 변 행   시 위 대 지 사
已得度邊行이면 是爲大智士니라.

풀이 ▶▶▶ 도(道)에 힘써 감옥의 결박을 끊고 이것저것 모두 풀어 버리고
치우친 행(行)을 이미 건넜으면 이것은 큰 지혜의 인사(人士)가 된다.

주해 ▶▶▶ 盡道(진도): 힘써 수행함. • 獄縛(옥박): 감옥의 결박. • 邊行(변행):
한 쪽으로 치우친 나쁜 행동. • 大智士(대지사): 크게 지혜 있는 사람.

물 친 원 법 인　　역 물 위 애 염
勿親遠法人하고 亦勿爲愛染하라

부 단 삼 세 자　　회 부 타 변 행
不斷三世者는 會復墮邊行이니라.

풀이 ▸▸▸　법을 멀리하는 사람과 친하지 말고 또한 애욕에 물들지 말라.
삼세를 끊지 못하는 자는 반드시 다시 치우친 행에 떨어지게 된다.

주해 ▸▸▸　三世(삼세): 전세·현세·내세.

약 각 일 체 법　　능 불 착 제 법　　일 체 애 의 해　　시 위 통 성 의
若覺一切法하여 能不著諸法이면 一切愛意解니 是爲通聖意니라.

풀이 ▸▸▸　만일 일체의 법을 깨달아 능히 온갖 법에 집착하지 않으면 모
든 애욕의 마음이 풀리나니 이는 거룩하신 뜻에 통달한 것이다.

주해 ▸▸▸　聖意(성의): 부처님의 거룩하신 뜻.

중 시 경 시 승　　중 미 도 미 승
衆施經施勝하고 衆味道味勝하며

중 락 법 락 승　　애 진 승 중 고
衆樂法樂勝이니 愛盡勝衆苦니라.

풀이 ▸▸▸　모든 보시보다 경전의 보시가 가장 훌륭하고 모든 맛 중에 도
의 맛이 뛰어나며, 모든 즐거움 중에 법의 즐거움이 으뜸이니 애욕을
다 버리면 모든 괴로움을 이긴다.

주해 ▸▸▸　經施(경시): 불경을 보시하는 것. • 道味(도미): 도의 맛.

우 이 탐 자 박   불 구 도 피 안
愚以貪自縛하며 不求度彼岸이니

탐 위 애 욕 고   해 인 역 자 해
貪爲敗處故로 害人亦自害니라

풀이 ▸▸▸ 어리석은 사람은 탐욕으로 스스로 자신을 묶어 피안(彼岸)에
건너감을 구하지 않나니, 애욕을 탐하는 까닭에 남도 해치고 또 자신
도 해친다.

주해 ▸▸▸ **自縛(자박)**: 스스로 결박함, 곧 제 손으로 제 몸을 결박하는 것.

애 욕 의 위 전   음 원 치 위 종
愛欲意爲田하고 婬怨癡爲種이니

고 시 도 세 자   득 복 무 유 량
故施度世者면 得福無有量이니라.

풀이 ▸▸▸ 애욕의 마음은 밭이 되고, 음란 · 원망 · 어리석음은 씨앗이 되
나니 그러므로 세상을 건넌 이에게 보시하면 복을 얻음이 한량없을 것
이다.

반 소 이 화 다   상 인 출 척 구
伴少而貨多면 商人怵惕懼하나니

기 욕 적 해 명   고 혜 불 탐 욕
嗜欲賊害命이라 故慧不貪欲이니라.

풀이 ▸▸▸ 동반자는 적은데 가진 재화(財貨)가 많으면 상인은 근심하고
두려워하나니, 물욕을 즐기는 도적이 목숨을 해치기 때문이다. 그러므

로 지혜로운 사람은 탐욕이 없다.

심 가 즉 위 욕　　　하 필 독 오 욕
心可則爲欲이니 何必獨五欲이라

속 가 절 오 욕　　　시 내 위 용 사
速可絶五欲이며 是乃爲勇士니라.

풀이 ▶▶▶ 마음이 좋다하는 것은 모두 욕심이니 하필 홀로 오욕뿐인가?
좋다는 생각을 버려서 오욕을 끊으면 이것이 바로 용사이니라.

주해 ▶▶▶ 可(가): 좋다고 생각하는 것. • 五欲(오욕): 재물, 여색, 음식, 명예, 수
면의 다섯 가지 욕심. • 勇士(용사): 용기 있는 사람.

무 욕 무 유 외　　　염 담 무 우 환
無欲無有畏하고 恬惔無憂患이니

욕 제 사 결 해　　　시 위 장 출 연
欲除使結解면 是爲長出淵이니라.

풀이 ▶▶▶ 욕심이 없으면 두려움이 없고 마음이 고요하고 맑으면 근심이
없나니, 욕심을 없애어 그 결박을 풀면 이것이 번뇌의 연못에서 벗어
나는 것이다.

주해 ▶▶▶ 恬惔(염담): 마음이 고요하고 맑은 것. • 使結解(사결해): 결박을 푸
는 것.

利養品

이양품

의(義)를 행하여 바르게 살아야 한다

사람은 반드시 자기 몸을 단속하며 덕을 닦고
의를 행하여 바르게 살아야 한다.

이 양 품 자　　여 기 방 탐
利養品者는 勵己防貪하고

견 덕 사 의　　불 위 예 생
見德思議하며 不爲穢生이니라.

풀이 ▸▸▸ 이양품(利養品)이란 자신을 격려하여 탐욕을 막고 덕(德)을 보
고 의(義)를 생각하며, 더러운 삶을 영위하지 말 것을 말한 것이다.

주해 ▸▸▸ 勵己(여기): 자신의 몸을 가다듬음. • 穢生(예생): 더러운 삶.

파 초 이 실 사　　죽 로 실 적 연
芭蕉以實死하고 竹蘆實亦然이라

거 허 좌 임 사　　사 이 빈 자 상
駏驉坐妊死하고 士以貪自喪이니라.

풀이 ▶▶▶ 파초는 열매로 해서 죽고 대와 갈대도 역시 열매 때문에 그러하다. 버새는 새끼를 배면 죽고 사람은 탐욕 때문에 스스로 죽는다.

주해 ▶▶▶ 竹蘆(죽로): 대나무와 갈대. • 驅驢(거허): 버새 수말과 암나귀 사이에서 난 짐승. • 坐姙(좌임): 새끼 배는 것.

여 시 탐 무 리   당 지 종 치 생
如是貪無利니 當知從癡生하라

우 위 차 해 현   수 령 분 우 지
愚爲此害賢하며 首領分于地니라.

풀이 ▶▶▶ 이와 같이 탐욕은 이익이 없나니 이것은 어리석음으로 생김을 마땅히 알라. 어리석은 자는 이것을 위하여 어진 이를 해치다가 머리를 땅에 묻힌다.

주해 ▶▶▶ 首領(수령): 머리.

천 우 칠 보   욕 유 무 염
天雨七寶라도 欲猶無厭이니

악 소 고 다   각 자 위 현
樂少苦多를 覺者爲賢이니라.

풀이 ▶▶▶ 하늘이 칠보(七寶)의 비를 내리어 오히려 족함이 없나니 즐거움이 적고 괴로움이 많음을 깨닫는 자는 어진 이가 된다.

주해 ▶▶▶ 七寶(칠보): 불교에서 말하는 일곱 가지 보배. 「법화경」에서는 금·은·유리·거거·마노·진주·매괴를 말하고, 「무량수경」에서는 금·은·유리·파리·산호·마노·거거를 말함 • 無厭(무염): 만족함이 없음.

수 유 천 욕　　　혜 사 무 탐
雖有天欲이라도　慧捨無貪이라

낙 리 은 애　　위 불 제 자
樂離恩愛면　爲佛弟子니라.

풀이 ▶▶▶　비록 하늘같은 욕심이 있더라도 지혜로 이를 버리면 탐욕은
없어진다. 즐겨 은애(恩愛)를 떠나면 불제자가 된다.

주해 ▶▶▶　천욕(天欲): 하늘이 내린 욕심, 타고난 욕심.

원 도 순 사
遠道順邪하여

탐 양 비 구　　지 유 간 의
貪養比丘는　止有慳意하여

이 공 피 성　　물 의 차 양
以供彼姓하고　勿猗此養하라.

풀이 ▶▶▶　도를 멀리하고 사악함을 따라 탐욕을 기르는 비구들은 아끼는
그 마음을 버려서 저 신도들에게 공양을 주고 그 공양에 만족하지 말라.

주해 ▶▶▶　順邪(순사): 사념(邪念)에 따름. • 貪養(탐양): 탐욕을 기르는 것.

위 가 사 죄　　차 비 지 의　　용 용 가 익
爲家捨罪는　此非至意니　用何益愚이리오

우 위 우 계　　욕 만 용 증
愚爲愚計하여　欲慢用增이니라.

풀이 ▶▶▶　집을 위하여 죄를 버림은 이는 지극한 뜻이 아니니 애쓰고 애

쓴들 무슨 이익 됨이 있으랴. 어리석은 자는 어리석음을 꾀하여 탐욕과 교만을 더한다.

주해 ▶▶▶ 欲慢(욕만): 욕심과 교만.

이 재 실 이　　이 원 부 동
異哉失利면　泥洹不同이니

체 지 시 자　　비 구 불 자
諦知是者는　比丘佛子라.

불 낙 이 양　　한 거 각 의
不樂利養하고　閑居却意니라.

풀이 ▶▶▶ 이상하다, 이익을 잃으면 그들이 이원에 함께 들지 못하니, 이 진실한 이치를 아는 사람은 비구와 불제자이다. 이익을 기르는 것을 즐거워하지 않고 조용히 살면서 모든 뜻을 물리치리라.

주해 ▶▶▶ 不同(부동): 함께 하지 않는 것 • 却意(각의): 뜻을 물리침, 온갖 탐욕의 마음을 물리침.

자 득 불 시　　불 종 타 망
自得不恃하며　不從他望하라

망 피 비 구　　부 지 정 정
望彼比丘는　不至正定이니라.

풀이 ▶▶▶ 스스로 얻어 믿지 말며 다른 사람의 바람에도 좇지 말라. 저 이양(利養)을 바라는 비구는 바른 정(定)에 이르지 못한다.

부 욕 안 명　　식 심 자 성　　불 지 계 수 의 복 음 식
夫欲安命이면 息心自省하고 不知計數衣服飲食이니라.

풀이 ▸▸▸　무릇 운명대로 편안하고자 하거든 마음을 쉬어 스스로 자신을
살펴보고 의복이나 음식 따위의 수량을 헤아릴 줄 몰라야 한다.

주해 ▸▸▸　安命(안명): 타고난 운명에 편안함. • 自省(자성): 자신을 살피다, 자
신을 돌보다. • 計數(계수): 수량을 계산하는 것.

부 욕 안 명　　　식 심 자 성
夫欲安命이어든 息心自省하며

취 득 지 족　　　수 행 일 법
取得知足하고 守行一法이니라.

풀이 ▸▸▸　무릇 천명에 편안하고자 하거든 마음을 쉬어 스스로 살피며,
취하여 얻음에 족함을 알고 한 가지 법을 지며 행해야 한다.

주해 ▸▸▸　一法(일법): 한 가지 법, 곧 불법

부 욕 안 명　　　식 심 자 성
夫欲安命이면 息心自省하여

여 서 장 혈　　　잠 은 습 교
如鼠藏穴하여 潛隱習敎니라.

풀이 ▸▸▸　무릇 운명대로 편안하고자 하거든 마음을 쉬어 스스로 자신을
살펴 마치 쥐가 구멍에 숨어 은밀히 가르침을 익혀야 한다.

주해 ▸▸▸　藏穴(장혈): 몸을 구멍에 감추는 것. • 潛隱(잠은): 남모르게 몸을 숨
기는 것.

약 리 약 이　　봉 계 사 유
約利約耳하며 奉戒思惟면

위 혜 소 칭　　　청 길 물 태
爲慧所稱하리니 淸吉勿怠하라.

풀이 ▸▸▸ 이익을 절제하고 귀를 단속하며 계율을 받들어 생각에 잠기면
지혜롭다 일컬어지리니 맑고 길함을 게을리하지 말라.

주해 ▸▸▸ 思惟(사유): 생각하는 것. • 淸吉(청길): 맑고 길함.

여 유 삼 명　　해 탈 무 루
如有三明이면 解脫無漏하며

과 지 선 식　　무 소 억 념
寡智鮮識이면 無所憶念이니라.

풀이 ▸▸▸ 만일 세 가지 맑음이 있으면 해탈하여 번뇌가 없으며 지혜가
적고 아는 것이 드물면 기억하고 생각하는 바가 없다.

주해 ▸▸▸ 三明(삼명): 아라한이 갖고 있는 세 가지 슬기, 지혜의 법(法)을 아는
밝음으로 숙명명(宿命明) · 천안명(天眼明) · 누진명(漏盡明).

기 어 식 음　　종 인 득 리　　　이 유 악 법　　　종 공 양 질
其於食飮에 從人得利하고 而有惡法이면 從供養嫉이니라.

풀이 ▸▸▸ 그 먹고 마심에 있어서 사람을 따라 이익을 얻고 거기 나쁜 법
이 있으면 공양을 받음에 따라 시기함을 기르게 된다.

주해 ▸▸▸ 從供(종공): 공양을 받음에 따라. • 養嫉(양질): 미움을 기름, 미워하
는 마음을 기르는 것.

다 결 원 리   강 복 법 의
多結怨利하여 强服法衣라고

단 망 음 식   불 봉 불 교
但望飮食이면 不奉佛敎니라.

풀이 ▶▶▶　원한과 이익을 많이 맺어 억지로 법의(法衣)를 입고 다만 먹기
만을 바랄 뿐이면 부처님의 가르침을 받들지 않는 것이다.

당 지 시 과   양 위 대 외   과 취 무 우   비 구 석 심
當知是過하고 養爲大畏니 寡取無憂면 比丘釋心이니라.

풀이 ▶▶▶　마땅히 이것이 허물임을 알아야 하고 이양(利養)은 크게 두려
워할 것이 되나 적게 취하여 근심이 없으면 비구는 거기서 마음을 깨닫
는다.

주해 ▶▶▶　是過(시과): 이 허물. • 大畏(대외): 크게 두려워함. • 釋心(석심): 마
음을 깨달음.

비 식 명 부 제   숙 능 불 췌 식
非食命不濟니 孰能不揣食이리오

부 립 식 위 선   지 시 불 의 질
夫立食爲先이니 知是不宜嫉이니라.

풀이 ▶▶▶　먹지 않으면 목숨을 건지지 못하나니, 미루어 생각건대 누가
능히 먹지 않으랴. 대체로 먹는 것이 모든 것에 우선이니 이 이치를 알
면 미워하지 말아야 한다.

주해 ▶▶▶　不濟(부제): 건지지 못함. • 揣食(췌식): 정도를 헤아려 먹음.

질 선 창 기　　　연 후 창 인
嫉先創己하고 然後創人하여

격 인 득 격　　　시 부 득 제
擊人得擊하나니 是不得除니라.

풀이 ▶▶▶ 미워함은 먼저 나를 해치고 그런 뒤에 남을 해치며 남을 때리면 나는 때림을 받나니 이를 없앨 수 없다.

주해 ▶▶▶ 創己(창기): 내 몸을 해침, 創(창)은 상처 낸다는 뜻.

영 담 소 석　　　담 음 양 동
寧噉燒石하고 呑飮洋銅이언정

불 이 무 계　　　식 인 신 시
不以無戒로 食人信施하라.

풀이 ▶▶▶ 차라리 불에 달군 돌을 먹고 끓는 구리쇠 물을 마실지언정 계율이 없으면서 남의 믿음의 보시를 먹지 말라.

주해 ▶▶▶ 寧(영): 차라리. • 燒石(소석): 불에 달군 돌. • 洋銅(양동): 끓는 구리쇠 물.

沙門品

사문품
스스로 괴롭혀 몸을 불태우지 말아야 한다

몸을 억제하고 말을 자제하며,
마음은 조용히 침묵을 지키는 것을 말하고 있다.

사 문 품 자　　훈 이 법 정
沙門品者는 訓以法正이면

제 자 수 행　　득 도 해 정
弟子受行하여 得道解淨이니라.

풀이 ▶▶▶ 사문품(沙門品)이란 바른 법을 가르치면 부처님의 제자가 이를
받아 행하여 도를 얻고 깨끗한 진리를 깨닫는다는 것을 말한다.

주해 ▶▶▶ 法正(법정): 법이 바른 것. • 解淨(해정): 청정(淸淨)의 진리를 깨달음.

단 목 이 비 구　　신 의 상 수 정
端目耳鼻口하고 身意常守正하라

비 구 향 여 시　　가 이 면 중 고
比丘行如是면 可以免衆苦니라.

풀이 ▶▶▶ 눈·귀·코·입을 단정히 하고 몸과 마음은 항상 바른 도를 지켜라. 비구의 수행이 이와 같으면 가히 온갖 괴로움 면할 수 있다.

수 족 막 망 범　　　절 언 순 소 행
手足莫妄犯하고 節言順所行하고

상 내 락 정 의　　수 일 행 적 연
常內樂定意면 守一行寂然이니라.

풀이 ▶▶▶ 손발을 망령되이 범하지 말고 말을 절제하며 행하는 바를 순리대로 하고, 항상 마음속으로 선정을 즐거워하면 하나를 지켜 맑고 고요히 행하게 된다.

주해 ▶▶▶ 妄犯(망범): 함부로 범하는 것. •順所行(순소행): 순(順)은 순리, 곧 행동을 바르게 하는 것. •寂然(적연): 맑고 고요함.

학 당 수 구　　　유 언 안 제
學當守口하여 宥言安徐면

법 의 위 정　　　언 필 유 연
法義爲定이니 言必柔軟이니라.

풀이 ▶▶▶ 입을 지키기를 마땅히 배워서 말을 너그럽고 조용하게 하면, 법과 의가 이 때문에 정해지니 말은 반드시 부드럽고 연하게 해야 한다.

주해 ▶▶▶ 宥言(유언): 너그러운 말, 말이 너그러움.

낙 법 욕 법　　　사 유 안 법
樂法欲法하고　思惟安法하라

비 구 의 법　　　정 이 불 비
比丘依法이면　正而不費니라.

풀이 ▸▸▸ 법을 즐겨서 가지려 하고 법을 편안하게 생각하라. 비구가 법
에 의지하면 삶이 바르고 힘들지 않는다.

주해 ▸▸▸ 欲法(욕법): 법을 가지고자 하는 것. • 不費(불비): 힘을 소비하지 않
는다. 곧 힘들이지 않음.

학 무 구 리　　　무 애 타 행
學無求利하고　無愛他行하라

비 구 호 타　　　부 득 정 의
比丘好他면　不得定意니라.

풀이 ▸▸▸ 이익을 구함을 배우지 말고 다른 행(行)을 사랑하지 말라. 비
구가 다른 것을 좋아하면 선정의 마음을 얻지 못한다.

비 구 소 취　　　이 득 무 적
比丘少取하여　以得無積이면

천 인 소 예　　　생 정 무 예
天人所譽하고　生淨無穢니라.

풀이 ▸▸▸ 비구가 적게 취하여 쌓음이 없음을 얻으면 하늘과 사람이 가
리고 그 삶이 깨끗하여 더러움이 없다.

주해 ▸▸▸ 所譽(소예): 기리는 바, 즉 기리는 것. • 生淨(생정): 삶이 깨끗한 것.

비 구 위 자　　　애 경 불 교
比丘爲慈하고 愛敬佛敎하며

심 입 지 관　　　멸 행 내 안
深入止觀하여 滅行乃安이니라.

풀이 ▸▸▸　비구가 자비를 행하며 부처님의 가르침을 사랑하고 공경하며 길이 지관(止觀)에 들어가 행을 없애면 곧 편안해진다.

주해 ▸▸▸　爲慈(위자): 자비를 행함. • 止觀(지관): 수도에 있어 중요한 두 가지 방법이니, 지는 온갖 망념(忘念)을 제지(制止)하여 마음이 청정(淸淨)한 경지에 머물게 하는 것이고 관은 적정(寂靜)의 밝은 지혜로 사리(事理)를 관조(觀照)하여 모든 법(法)을 식별하는 것. • 滅行(멸행): 행을 멸함, 행은 몸〔身〕, 입〔口〕, 뜻〔意〕의 조작(造作)으로 이루어지는 선, 악의 일체의 행위.

일 체 명 색　　　비 유 막 혹
一切名色은 非有莫惑하라

불 근 불 우　　　내 위 비 구
不近不憂면 乃爲比丘니라.

풀이 ▸▸▸　일체의 이름이나 형체는 있는 것이 아니니 미혹되지 말라. 가까이 하지 않고 근심하지 않으면 곧 비구가 된다.

주해 ▸▸▸　名色(명색): 오온(五蘊)의 총명(總名), 수(受), 상(想), 行(행), 식(識)의 사온(四蘊)은 모두 마음의 작용으로, 형체가 없고 단지 이름을 가지고 구별하기 때문에 명(名), 색온(色蘊)은 형체가 있기 때문에 색으로 표현함. • 非有(비유): 실지로 있는 것이 아님 • 莫惑(막혹): 미혹되지 말라.

비구호선   중허즉경   제음노치   시위니항
比丘扈船하여 中虛則輕이라 除淫怒癡면 是爲泥洹이니라.

풀이 ▸▸▸ 비구가 배 안의 물을 퍼내어 속이 비면 배가 가벼워진다. 음
욕·성냄·어리석음을 없애면 이것이 바로 열반이 된다.

사오단오   사유오근
捨五斷五하고 思惟五根하여

능분별오   내도하연
能分別五면 乃渡河淵이니라.

풀이 ▸▸▸ 오욕(五慾)과 오혹(五惑)을 끊고 오근(五根)을 생각하여 능히
이 다섯 가지를 분별하면 곧 깊은 연못을 건너리라.
주해 ▸▸▸ 捨五(사오): 다섯 가지를 버림. 탐욕·성냄·어리석음·교만·의심의 오
혹(五惑). • 斷五(단오): 다섯 가지를 끊음. 재물·여색·음식· 명예·수면의 오욕
(五慾). • 五根(오근): 외계를 인식하는 다섯 가지 기관 안(眼)·이(耳)·비(鼻)·
설(舌)·신근(身根)임.

선무방일   막위욕란   불탄양동   자뇌초형
禪無放逸하고 莫爲欲亂하며 不吞洋銅하고 自惱燋形하라.

풀이 ▸▸▸ 선정을 닦고 방일하지 말고 탐욕에 마음을 어지럽히지 말며,
뜨거운 구리쇠 물을 마시고 스스로 괴롭혀 몸을 불태우지 말라.
주해 ▸▸▸ 欲亂(욕란): 욕심이 마음을 어지럽힘. • 自惱(자뇌): 스스로 괴로워
함. • 燋形(초형): 몸을 불태움.

무 선 불 지 　　　무 지 불 선
無禪不智하고　無智不禪이니

도 종 선 지 　　　득 지 니 항
道從禪智하고　得至泥洹이니라.

풀이 ▸▸▸ 선정이 없으면 지혜가 없고 지혜 없으면 선정을 하지 못하나니, 도는 선정과 지혜를 따라 생기고 드디어 이원에 다다르니 열반을 얻는다.

당 학 입 공 　　　정 거 지 의 　　　낙 독 병 처 　　　일 심 관 법
當學入空하여　靜居止意하고　樂獨屏處하여　一心觀法이니라.

풀이 ▸▸▸ 마땅히 공(空)에 들기를 배워 고요히 살면서 마음을 쉬고 그윽한 곳에 홀로 있기를 즐거워하여 한 마음으로 법을 보아야 한다.

주해 ▸▸▸ 空(공): 진리의 본체. • 止意(지의): 망념을 버려서 마음을 쉬는 것. • 屏處(병처): 그윽한 곳에 있는 것. • 觀法(관법): 마음에서 진리의 범을 관찰하는 것.

상 제 오 음 　　　복 의 여 수 　　　청 정 화 열 　　　위 감 로 미
常制五陰하여　伏意如水하면　淸淨和悅하며　爲甘露味니라.

풀이 ▸▸▸ 항상 오음(五陰)을 억제하여 마음을 항복받기를 물처럼 하면, 마음이 맑고 깨끗하고 즐겁기가 감로수 맛같이 된다.

주해 ▸▸▸ 五陰(오음): 색(色)·수(受)·상(想)·행(行)·식(識)의 오온(五蘊)과 같음. • 伏意(복의): 마음을 항복받음.

불 수 소 유　　위 혜 비 구
不受所有면 爲慧比丘니

섭 근 지 족　　계 율 실 지
攝根知足하여 戒律悉持하라.

풀이 ▸▸▸　남의 소유를 받지 않으면 지혜로운 비구가 되나니, 근(根)을
단속하고 족함을 알아서 계율을 모두 받들어 가져야 한다.

주해 ▸▸▸　所有(소유): 가진 것. • 根(근): 외물을 인식하는 기관.

생 당 행 정　　구 선 사 우
生當行淨하고 求善師友하라

지 자 성 인　　도 고 치 희
智者成人이면 度苦致喜니라.

풀이 ▸▸▸　나면서부터 마땅히 깨끗한 마음을 행하고 착한 스승과 벗을
구하라. 지혜로운 자가 어른이 되면 괴로움을 벗어나 기쁨을 이룬다.

주해 ▸▸▸　行淨(행정): 깨끗한 마음을 행함 • 度苦(도고): 고해를 건넘.

여 위 사 화　　숙 여 자 타
如衛師華가 熟如自墮하여

석 음 노 치　　생 사 자 해
釋淫怒癡면 生死自解니라.

풀이 ▸▸▸　마치 저 위사화(衛師華)가 꽃이 익으면 스스로 떨어지는 것처
럼 음욕, 노여움, 어리석음을 내버리면 생사(生死)가 절로 풀린다.

주해 ▸▸▸　衛師華(위사화): 꽃 이름, 참죽나무 꽃.

지 신 지 언　　심 수 현 묵
止身止言하며　心守玄默하라

비 구 기 세　　시 위 수 적
比丘棄世면　是爲受寂이니라.

풀이 ▶▶▶ 몸을 쉬고 말을 쉬며 마음은 고요함을 지켜라. 비구가 세상을
버리면 이는 적멸의 안락을 받는 것이 된다.

주해 ▶▶▶ 玄默(현묵): 침묵과 같음. • 受寂(수적): 적멸의 안락을 받는 것, 적멸
은 열반.

당 자 칙 신　　내 여 심 쟁
當自勅身하고　內與心爭하며

호 신 념 체　　비 구 유 안
護身念諦면　比丘惟安이니라.

풀이 ▶▶▶ 항상 스스로 몸을 경계하고 안으로 마음과 다투며, 몸을 단속
하여 진리를 생각하면 그 비구는 오직 편안하다.

주해 ▶▶▶ 勅身(칙신): 단단히 일러서 경계함. • 念諦(염체): 진리를 생각하는 것.

아 자 위 아　　계 무 유 아　　고 당 손 아　　조 내 위 현
我自爲我나　計無有我하라　故當損我면　調乃爲賢이니라.

풀이 ▶▶▶ 나는 스스로 나를 위하지만 내가 없다고 헤아려라. 그러므로
마땅히 나를 없애어 길들이면 이는 곧 현명함이 된다.

주해 ▶▶▶ 損我(손아): 나를 덮음, 나의 존재를 없는 것으로 보는 것.

희 재 불 교　　가 이 다 희
喜在佛教면 可以多喜니

지 도 적 막　　　행 멸 영 안
至到寂寞이면 行滅永安이니라.

풀이 ▸▸▸ 기쁨이 부처님의 가르침에 있으면 정말로 기쁨이 많나니, 적막함에 이르면 행(行)이 사라져 영원히 편안하리라.

주해 ▸▸▸ 永安(영안): 영원히 편안한 것.

당 유 소 행　　　응 불 교 계　　차 조 세 간　　여 일 무 열
儻有少行이라도 應佛教戒면 此照世間이 如日無瞳이니라.

풀이 ▸▸▸ 혹시 조그만 행이 있더라도 부처님의 가르침과 계율에 맞으면 이것이 세상을 밝게 비추어 마치 해에 흐림이 없는 것 같을 것이다.

주해 ▸▸▸ 應(응): 상응(相應)의 뜻, 곧 서로 맞는 것. • 無瞳(무열): 여기서는 흐림이 없는 것.

기 만 무 여 교　　　연 화 수 생 정
棄慢無餘憍면 蓮華水生淨하고

학 능 사 차 피　　　지 시 승 어 고
學能捨此彼하나리 知是勝於故니라.

풀이 ▸▸▸ 잘난 체함을 버리고 나머지 교만함이 없으면 연꽃이 물에 나서 깨끗한 것 같고 배움은 능히 이것저것을 버리나니 이것을 알면 지나간 때보다 나아진다.

주해 ▸▸▸ 蓮華(연화): 연꽃. • 此彼(차피): 이것저것.

할 애 무 연 모   불 수 여 연 화
割愛無戀慕면 不受如蓮華니

비 구 도 하 류   승 욕 명 어 고
比丘渡河流하고 勝欲明於故니라.

풀이 ▸▸▸ 사랑을 끊어 연모함이 없으면 더러움을 받지 않음이 연꽃 같
으니, 비구는 흐르는 물을 건너고 욕심을 이겨서 전보다 밝아지리라.

주해 ▸▸▸ 割愛(할애): 애욕을 끊음.

절 류 자 시   서 심 각 욕
截流自恃하고 逝心却欲하라

인 불 할 욕   일 의 유 주
仁不割欲이면 一意猶走니라.

풀이 ▸▸▸ 애정의 흐름과 끊음을 스스로 믿고 마음을 보내고 욕심을 물
리쳐야 한다. 어짊에서 욕심을 끊지 못하면 한 마음으로 오히려 달려
가리라.

주해 ▸▸▸ 逝心(서심): 마음을 흘려보냄. • 却欲(각욕): 욕심을 물리침.

위 지 위 지   필 강 자 제   사 가 이 해   의 유 부 염
爲之爲之하여 必强自制하라 捨家而懈면 意猶復染이니라.

풀이 ▸▸▸ 하고 또 하여 반드시 굳세게 스스로를 억제해야 한다. 집을 버
리고서도 게으르면 마음이 오히려 다시 물든다.

주해 ▸▸▸ 爲之(위지): 수행을 하는 것. • 復染(부염): 또 더러움에 물드는 것.

행 해 완 자　　노 의 불 제
行懈緩者는 勞意弗除하나니

비 정 범 행　　언 치 대 보
非淨梵行이면 焉致大寶리오.

풀이 ▸▸▸　수행이 게으르고 느린 자는 마음을 괴롭힐 뿐 욕정을 없애지
못하나니 깨끗한 범행(梵行)이 아니면 어찌 큰 보배를 이룰 것인가?

주해 ▸▸▸　勞意(노의): 마음을 수고롭게 하는 것, 곧 마음을 괴롭힘. • 梵行(범
행): 깨끗한 행, 음욕을 끊음. • 大寶(대보): 불·법·승의 삼보(三寶).

사 문 하 행　　여 의 불 금
沙門何行이라도 如意不禁이면

보 보 착 점　　단 수 사 주
步步著粘하여 但隨思走니라.

풀이 ▸▸▸　사문이 어디를 가든지 그 마음을 금하지 못하면, 걸음마다 달
라붙어 다만 그 생각 따라 달리게 된다.

주해 ▸▸▸　沙門(사문): 출가한 중. • 何行(하행): 어디를 가더라도. • 著粘(착점):
달라붙음.

가 사 피 견　　위 악 불 손　　악 악 행 자　　사 타 악 도
袈裟披肩하고 爲惡不損하며 惡惡行者는 斯墮惡道니라.

풀이 ▸▸▸　가사를 어깨에 걸치고서 악을 행하여 버리지 못하며, 온갖 악
을 행한 자는 이는 악도(惡道)에 떨어진다.

부 조 난 계　　여 풍 고 수　　작 자 위 신　　갈 불 정 진
不調難誡니 如風枯樹라 作自爲身이니 曷不精進이니라.

풀이 ▶▶▶ 길들지 않으면 경계하기 어려우니 마치 바람이 나무를 마르게
하는 것 같다. 일하는 것은 스스로의 몸을 위하는 것이니 어찌 정진하
지 않으리오.

주해 ▶▶▶ 不調(부조): 길들지 않음. • 枯樹(고수): 나무를 말림, 나무를 시들게
하는 것. • 曷(갈): 어찌.

식 심 비 척　　　만 탄 무 계
息心非剔하고 慢詑無戒이니

사 탐 사 도　　내 응 식 심
捨貪思道면 乃應息心이니라.

풀이 ▶▶▶ 마음을 쉼은 깎아 없애는 것이 아니고 교만하고 방탕하면 계
율이 없나니, 탐욕을 버리고 도를 생각하면 곧 마음은 쉼에 응한다.

주해 ▶▶▶ 息心(식심): 마음을 쉼, 모든 욕정을 버려서 마음을 고요히 함.
• 慢詑(만탄):교만하고 방탄함.

식 심 비 척　　　방 일 무 신
息心非剔이오 放逸無信니

능 멸 중 고　　위 상 사 문
能滅衆苦면 爲上沙門이니라.

풀이 ▶▶▶ 마음을 쉬는 것은 깎아 없애는 것이 아니고 방일하면 믿음이
없어지리니, 능히 온갖 괴로움을 멸하면 훌륭한 사문이 된다.

梵志品

범지품

스스로 깨달아 구덩이를 벗어나야 한다

마음속을 청정하게 하여 탐욕이 없다면,
그런 사람은 모든 사람들로부터 추앙받는 사문이 된다는 것을 말하고 있다.

범 지 품 자　　언 행 청 백
梵志品者는　言行淸白하며

이 학 무 예　　가 칭 도 사
理學無穢는　可稱道士이니라.

풀이 ▶▶▶　범지품(梵志品)은 말과 행실이 맑고 깨끗하며, 이치를 배워 더
러움이 없어야 이를 도사라고 일컬을 수 있음을 말한 것이다.

주해 ▶▶▶　**理學**(이학): 이치를 배움. •**道士**(도사): 도교를 신봉하는 사람.

절 류 이 도　　무 욕 여 범
截流而道하여　無欲如梵하며

지 행 이 진　　시 위 범 지
知行已盡이면　是謂梵志니라.

며, 행(行)이 이미 다함을 알면 이를 일러 범지(梵志)라 한다.

주해 ▶▶▶ 梵(범): 범천(梵天), 음욕을 떠나서 매우 청정한 곳. • 梵志(범지): 깨끗한 행을 뜻함.

이 무 이 법   청 정 도 연
以無二法으로 淸淨渡淵하며

제 욕 결 해   시 위 범 지
諸欲結解면 是謂梵志니라.

풀이 ▶▶▶ 둘도 없는 법으로써 맑고 깨끗하게 깊은 못을 건너고 모든 욕심의 매듭을 풀었으면 이것을 일컬어 범지라 한다.

주해 ▶▶▶ 無二法(무이법): 부처가 되는 길은 오직 하나일 뿐, 둘도 없음을 말함. • 結解(결해): 결박, 매듭이 풀림.

적 피 무 피   피 피 이 공
適彼無彼하고 彼彼已空이니

사 리 탐 음   시 위 범 지
捨離貪婬이면 是謂梵志니라.

풀이 ▶▶▶ 그것을 만나면 그것이 없고 그것과 저것은 이미 모두 공(空)이니 탐욕과 음욕을 버리고 떠나면 이것을 일컬어 범지라 한다.

주해 ▶▶▶ 彼彼(피피): 그것과 그것, 이것저것. • 貪婬(탐음): 탐욕과 음란한 마음.

사 유 무 구   소 행 불 루
思惟無垢하고 所行不漏하며

상 구 불 기   시 위 범 지
上求不起면 是謂梵志니라.

풀이 ▸▸▸　생각함에 허물이 없고 행함에 빈틈이 없으며 위에서 구함을
일으키지 않으면 이것을 일컬어 범지라 한다.

주해 ▸▸▸　不漏(불루): 누를 샌다는 뜻으로, 허물. •上求(상구): 위로 구하는
것, 현재보다는 더 나은 것을 구하는 것임.

일 조 어 주   월 조 어 야
日照於晝하고 月照於夜하며

갑 병 조 군   선 조 도 인
甲兵照軍하고 禪照道人하며

불 출 천 하   조 일 체 명
佛出天下하여 照一切冥이니라.

풀이 ▸▸▸　해는 낮을 비추고 달은 밤을 비추며, 갑옷과 병기는 군대를 비
추고 선정은 도인을 비추며, 부처님은 천하에 나와서 모든 어둠을 비
춘다.

주해 ▸▸▸　甲兵(갑병): 갑옷과 병기.

비 체 위 사 문   칭 길 위 범 지   위 능 사 중 악   시 즉 위 도 인
非剃爲沙門이오 稱吉爲梵志라 謂能捨衆惡면 是則爲道人이니라.

풀이 ▸▸▸　머리를 깎았다고 사문이 되는 것은 아니고, 길(吉)함이 맞는

것이 능히 온갖 악을 버림을 일컬어 이것을 곧 도인이 된다 한다.

주해 ▶▶▶ 剃(체): 머리 깎는 것. • 稱吉(칭길): 길한 것에 맞는 것.

출 악 위 범 지　　입 정 위 사 문
出惡爲梵志하고 入正爲沙門이라

기 아 중 예 행　　시 즉 위 사 가
棄我衆穢行이 是則爲捨家니라

풀이 ▶▶▶ 악에서 벗어나면 범지가 되고, 바른 도에 들어가면 사문이 된다. 내 온갖 더러운 행실을 버리는 것이 곧 집을 버리는 것이 된다.

주해 ▶▶▶ 出惡(출악): 악에서 벗어남. • 入正(입정): 바른 도에 들어가는 것.
• 穢行(예행): 더러운 행실.

약 의 어 애　　심 무 소 착　　이 사 이 정　　시 멸 중 고
若猗於愛하여 心無所著하며 已捨已正이면 是滅衆苦니라.

풀이 ▶▶▶ 만일 애정을 끊어서 마음에 집착이 없으며 이미 탐욕을 버리고 도가 바르면 이는 온갖 괴로움을 멸한다.

신 구 여 의　　정 무 과 실　　능 사 삼 행　　시 위 범 지
身口與意가 淨無過失하며 能捨三行이면 是謂梵志니라.

풀이 ▶▶▶ 몸과 마음이 깨끗하여 허물이 없어서 능히 그 세 가지 행을 버리면 이를 일러 범지라 한다.

주해 ▶▶▶ 三行(삼행): 몸과 입과 마음의 조작(造作)을 말함.

약 심 효 료　　불 소 설 법
若心曉了하여 佛所說法하고

관 심 자 귀　　정 어 위 수
觀心自歸면 淨於爲水니라.

풀이 ▶▶▶　만일 마음을 환하게 밝혀서 부처님의 설법을 깨닫고 마음을
살펴 스스로 귀의하면 물보다도 더 깨끗하리라.

주해 ▶▶▶　曉了(효료): 밝게 깨달음.

비 족 결 발　　명 위 범 지
非簇結髮하여 名爲梵志니

성 행 법 행　　청 백 즉 현
誠行法行이 淸白則賢이니라.

풀이 ▶▶▶　머리를 한데 묶어 매었다 하여 범지라 하지 않나니 성행, 법행
이 맑고 깨끗하면 곧 현명함이 된다.

주해 ▶▶▶　誠行(성행): 성실한 행동. • 法行(법행): 법에 따라 행동하는 것.

식 발 무 혜　　초 의 하 시
飾髮無慧면 草依何施며

내 불 리 착　　외 사 하 익
內不離著이면 外捨何益이리오.

풀이 ▶▶▶　머리를 꾸미거나 풀옷을 입어도 지혜가 없으면 무엇을 베풀며,
안으로 집착을 떠나지 않으면 밖으로 버린들 무슨 이익이 있으리오.

주해 ▶▶▶　離著(이착): 집착을 떠나는 것.

피 복 폐 악   궁 승 법 행
被服弊惡이라도 躬承法行하고

한 거 사 유   시 위 범 지
閑居思惟면 是謂梵志니라

풀이 ▶▶▶ 해지고 거친 옷을 입었어도 몸소 법을 받들어 행하고, 한가히
있으면서 도를 생각하면 이를 일컬어 범지라 한다.

주해 ▶▶▶ 被服(피복): 옷을 입는 것. • 弊惡(폐악): 해지고 나쁜 것.

불 불 교 피   찬 기 자 칭
佛不教彼하여 讚己自稱이니

여 체 불 망   내 위 범 지
如諦不妄이면 乃爲梵志니라.

풀이 ▶▶▶ 부처님은 그에게 자기를 스스로 칭찬하라고 가르치지 않나니,
진리대로 행하여 망령되지 않으면 이것이 곧 범지니라.

주해 ▶▶▶ 讚己(찬기): 자기를 칭찬하는 것. • 如諦(여체): 진리대로 행하는 것.

절 제 가 욕   불 음 기 지
絶諸可欲하여 不婬其志하며

위 기 욕 삭   시 위 범 지
委棄欲數면 是謂梵志니라.

풀이 ▶▶▶ 하고자 하는 욕심을 모두 끊어서 그 뜻은 음탕하지 않으며, 탐
욕의 수효를 모두 버리면 이것을 일컬어 범지라 한다.

주해 ▶▶▶ 可欲(가욕): 욕심을 낼 만한 것. • 委棄(위기): 버림.

단 생 사 하   능 인 기 도
斷生死河하고 能忍起度하며

자 각 출 참   시 위 범 지
自覺出塹이면 是謂梵志니라.

풀이 ▶▶▶   생사의 강물을 끊고 능히 나서 구제할 마음을 일으켜, 스스로
깨달아 구덩이를 벗어나면 이를 일컬어 범지라 한다.

주해 ▶▶▶   **起度(기도)**: 구제할 마음을 일으킴. • **出塹(출참)**: 구덩이를 벗어남.

견 매 견 격   묵 수 불 노
見罵見擊이라도 默受不怒하여

유 인 욕 력   시 위 범 지
有忍辱力이면 是謂梵志니라.

풀이 ▶▶▶   욕설을 당하고 때림을 당하더라도 성내지 아니하며 묵묵히 참
고 받아들이며 욕됨을 참는 힘이 있으면 이것을 일컬어 범지라 이른다.

주해 ▶▶▶   **默受(묵수)**: 묵묵히 참고 받아들이는 것. • **忍辱(인욕)**: 욕됨을 참음.

약 견 침 기   단 념 수 계
若見侵欺라도 但念守戒하여

단 신 자 조   시 위 범 지
端身自調면 是謂梵志니라.

풀이 ▶▶▶   만약 침범과 속임을 당하더라도 오직 계율 지킬 것만을 생각
하여 몸을 바르게 하고 스스로 다스리면 이것을 일컬어 범지라 한다.

주해 ▶▶▶   **侵欺(침기)**: 침범하고 속임. • **自調(자조)**: 스스로 몸을 다스림.

심 기 악 법　　여 사 탈 피
心棄惡法을 如蛇脫皮하여

불 위 욕 오　　시 위 범 지
不爲欲汚면 是謂梵志니라.

풀이 ▸▸▸　마음속에 온갖 악법 버리기를 마치 뱀이 허물을 벗듯이 하여
욕심에 더럽혀지지 않으면 이것을 일컬어 범지라 한다.

주해 ▸▸▸　欲汚(욕오): 탐욕에 마음이 더럽혀짐.

각 생 위 고　　종 시 멸 의
覺生爲苦하고 從是滅意하여

능 하 중 담　　시 위 범 지
能下重擔이면 是謂梵志니라.

풀이 ▸▸▸　삶이란 괴로움임을 깨닫고 이에 따라 마음을 멸하여 능히 무
거운 짐을 내려놓으면 이를 일컬어 범지라 한다.

주해 ▸▸▸　重擔(중담): 무거운 짐.

해 미 묘 혜　　변 도 불 도　　체 행 상 의　　시 위 범 지
解微妙慧하여 辯道不道하고 體行上義면 是謂梵志니라.

풀이 ▸▸▸　미묘(微妙)한 지혜를 깨닫고 알아서 도(道)와 도 아닌 것을 분
별하여 훌륭한 이치를 몸으로 행하는 것, 이것을 일러 범지라 한다.

주해 ▸▸▸　道不道(도불도): 도와 도가 아닌 것. • 體行(체행): 몸으로 행하는
것. • 上義(상의): 훌륭한 이치.

기 연 가 거　　무 가 지 외
棄捐家居와 無家之畏하고

소 구 과 욕　　시 위 범 지
少求寡欲이면 是謂梵志니라.

풀이 ▸▸▸　집을 버리는 것과 집 없는 두려움을 버리고 적게 구하여 욕심
을 적게 하면 이것을 일러 범지라 한다.

주해 ▸▸▸　捐家居(연가거): 살던 집을 버림.

기 방 활 생　　무 적 해 심
棄放活生하고 無賊害心하며

무 소 요 뇌　　시 위 범 지
無所嬈惱면 是謂梵志니라.

풀이 ▸▸▸　세상 살아가는 일을 버려 버리고 남을 해치고 상할 마음이 없
으며, 번거로운 괴로움이 없으면 이것을 일컬어 범지라 한다.

주해 ▸▸▸　活生(활생): 생활, 세상을 살아가는 것. • 賊害(적해): 남을 해치는
것. • 嬈惱(요뇌): 번거로운 괴로움.

피 쟁 부 쟁　　범 이 불 온
避爭不爭하고 犯而不慍하며

악 래 선 대　　시 위 범 지
惡來善待면 是謂梵志니라.

풀이 ▸▸▸　다툼을 피하여 싸우지 않고 남이 침범해도 성내지 않으며, 악
이 와도 선으로 대하면 이를 일컬어 범지라 한다.

거 음 노 치   교 만 제 악   여 사 탈 피   시 위 범 지
去婬怒癡와 憍慢諸惡을 如蛇脫皮면 是謂梵志니라.

풀이 ▶▶▶ 음욕과 성냄과 어리석음, 교만 따위의 온갖 악 버리기를 마치
뱀이 허물을 벗듯이 하면 이것을 일컬어 범지라 한다.

단 절 세 사   구 무 추 언
斷絶世事하고 口無麤言하며

팔 도 심 체   시 위 범 지
八道審諦면 是謂梵志니라.

풀이 ▶▶▶ 온갖 세상일을 끊어 버리고 입에 거친 말이 없으며, 여덟 가지
도를 밝게 아는 것, 이것을 일컬어 범지라 한다.

주해 ▶▶▶ 麤言(추언): 거친 말. • 八道(팔도): 여덟 가지 바른 길(八正道)이니 1.
정견(正見) 2.정사유(正思惟) 3. 정어(正語) 4. 정업(正業) 5. 정명(正命) 6. 정
정진(正精進) 7. 정념(正念) 8. 정정 (正定)이다. 이것을 팔성도라고 함. • 審諦
(심체): 이치를 밝게 살피는 것.

세 소 선 악   수 단 거 세
世所惡法은 修短巨細하여

무 취 무 사   시 위 범 지
無取無捨면 是謂梵志니라.

풀이 ▶▶▶ 이른바 이 세상의 나쁜 법은 짧거나 크기가 작거나 모두 다스
려 취함도 없고 버림도 없으면 이것을 일컬어 범지라 한다.

금 세 행 정　　후 세 무 예
今世行淨이면 後世無穢니

무 습 무 사　　시 위 범 지
無習無捨면 是謂梵志니라.

풀이 ▶▶▶　현세의 행이 깨끗하면 내세에도 더러움이 없으리니, 익힘도
없고 버림도 없으면 이것을 일컬어 범지라 한다.

주해 ▶▶▶　行淨(행정): 행실이 깨끗함.

기 신 무 의　　불 송 이 행　　행 감 로 멸　　시 위 범 지
棄身無猗하고 不誦異行하며 行甘露滅이면 是謂梵志니라.

풀이 ▶▶▶　몸을 버려 의지함이 없고 다른 행을 외우지 않으며, 감로의 멸
을 행하면 이것을 일컬어 범지라 한다.

주해 ▶▶▶　異行(이행): 이단(異端)의 행, 즉 불법이 아닌 외도(外道)의 일을 말
함. • 甘露滅(감로멸): 감로는 열반(涅槃)의 비유이니, 즉 열반을 얻어 생사의
괴로움을 멸함.

어 죄 여 복　　양 행 영 제　　무 우 무 진　　시 위 범 지
於罪與福은 兩行永除하며 無憂無塵이면 是謂梵志니라.

풀이 ▶▶▶　죄를 주고 복을 주는 두 갈래 행을 영원히 없애어 근심도 없고
티끌도 없으면 이를 일컬어 범지라 한다.

주해 ▶▶▶　永除(영제): 영원히 없앰. • 塵(진): 진성(眞性)을 더럽히는 온갖 망
념(妄念), 진성은 사람이 갖추고 있는 참 마음.

심 희 무 구   여 월 성 만
心喜無垢하여 如月盛滿하고

방 훼 이 제   시 위 범 지
謗毁已除면 是謂梵志니라.

풀이 ▸▸▸ 마음이 기쁘고 때가 없음이 마치 달이 가득 참과 같고, 비방도
헐뜯음도 이미 없으면 이것을 일컬어 범지라 한다.

주해 ▸▸▸ **盛滿**(성만): 가득 참. • **謗毁**(방훼): 헐뜯고 비방함.

견 치 왕 래   타 참 수 고
見癡往來하여 墮塹受苦하고

욕 단 도 안   불 호 타 어   유 멸 불 기   시 위 범 지
欲單渡岸하여 不好他語하고 唯滅不起면 是謂梵志니라.

풀이 ▸▸▸ 어리석은 자가 오고가다가 구덩이에 떨어져 괴로움 받는 것을
보고 다만 저쪽 언덕에서 건너려 하여, 남의 말을 좋아하지 않고 어떤
마음도 멸하여 일으키지 않으면 이것을 일러 범지라 한다.

주해 ▸▸▸ **墮塹**(타참): 구덩이에 떨어짐. • **他語**(타어): 다른 사람의 말.

이 단 은 애   이 가 무 욕
已斷恩愛하고 離家無欲하며

애 유 이 진   시 위 범 지
愛有已盡이면 是謂梵志니라.

풀이 ▸▸▸ 이미 은애(恩愛)를 끊고 집을 떠나 욕심이 없으며, 애욕을 이미
멸한 바 있으면 이를 일컬어 범지라 한다.

이 인 취 처　　불 타 천 취
離人聚處하고 不墮天聚하며

제 취 불 귀　　시 위 범 지
諸聚不歸면 是謂梵志니라.

풀이 ▸▸▸　사람이 모인 곳을 떠나고 하늘의 모임에도 떨어지지 않으며,
모든 모임에 돌아가지 않으면 이를 일컬어 범지라 한다.

주해 ▸▸▸　人聚處(인취처): 사람이 모인 곳, 사람의 세계. • 天聚(천취): 하늘의 세계.

기 락 무 락　　멸 무 온 나
棄樂無樂하고 滅無搵懦하여

건 위 제 세　　시 위 범 지
健違諸世면 是謂梵志니라.

풀이 ▸▸▸　즐거움을 버려서 즐거움이 없고 모든 행을 멸하여 성냄도 나약
함도 없어 굳세게 이 세상 온갖 일을 떠나면 이를 일컬어 범지라 한다.

주해 ▸▸▸　搵懦(온나): 성냄과 나약한 것.

소 생 이 글　　사 무 소 취
所生已訖하고 死無所趣하여

각 안 무 의　　시 위 범 지
覺安無依면 是謂梵志니라.

풀이 ▸▸▸　이 세상 사는 일을 이미 마치고 죽어서도 나아갈 곳 없어 마음
깨달아 편안하여 의지함이 없으면 이것을 일컬어 범지라 한다.

주해 ▸▸▸　所生(소생): 이 세상을 사는 일. • 覺安(각안): 마음에 깨달아 편안함.

泥洹品

이원품
참는 것이 가장 자신을 잘 지키는 것이다

사람이 수행을 쌓아 마음이 맑고 깨끗해져서 모든 번뇌 망상이 사라지면
고요한 열반에 들어 영원히 안락을 누릴 수 있다는 것을 설명한다.

이 원 품 자　　서 도 대 귀
泥洹品者는 敍道大歸하여

염 담 적 멸　　도 생 사 외
恬憺寂滅하고 度生死畏니라.

풀이 ▶▶▶ 이원품(泥洹品)이란 도(道)의 크게 돌아감을 설명하여 마음이
깨끗하고 고요하며 번뇌가 사라지고 생사의 두려움을 건넘을 말한 것
이다.

주해 ▶▶▶ 恬憺(염담): 깨끗하고 고요함. • 寂滅(적멸): 열반, 번뇌가 사라져 안
락을 얻음.

인 위 최 자 수　　니 원 불 칭 상
忍爲最自守하고 泥洹佛稱上이라

사 가 불 범 계　　식 심 무 소 해
捨家不犯戒면 息心無所害니라.

풀이 ▶▶▶ 참는 것이 가장 자기를 잘 지키는 것이고, 부처님은 열반을 최
상이라 말씀하셨다. 집을 버리고 계율을 범하지 않으며 마음을 쉬어
해됨이 없다.

주해 ▶▶▶ 稱上(칭상): 최상임을 일컬음. • 息心(식심): 마음을 쉼.

무 병 최 리　　지 족 최 부
無病最利하고 知足最富하며

후 위 최 우　　니 원 최 쾌
厚爲最友하면 泥洹最快니라.

풀이 ▶▶▶ 병이 없음을 가장 이롭고 족하다는 것을 아는 것이 가장 부유하
며 후(厚)함을 가장 좋은 벗으로 삼으면 열반이 가장 유쾌한 것이니라.

주해 ▶▶▶ 最友(최우): 가장 좋은 벗.

기 위 대 병　　행 위 최 고
飢爲大病하고 行爲最苦니

이 체 지 차　　니 원 최 락
已諦知此면 泥洹最樂이니라.

풀이 ▶▶▶ 굶주림은 큰 병이 되고 행함은 가장 큰 괴로움이 되나니 이미
이 이치를 밝게 알면 열반이 가장 즐거운 것이니라.

소 왕 선 도　　취 악 도 다
少往善道하고 趣惡道多니

여 체 지 차　　니 원 최 안
如諦知此면 泥洹最安이니라.

풀이 ▶▶▶ 선한 길로 가는 이는 적고 악한 길로 가는 이는 많나니, 이와
같은 이치를 밝게 알면 열반이 가장 편안한 것이니라.

종 인 생 선　　종 인 타 악
從因生善하고 從因墮惡하며

유 인 니 원　　소 연 역 연
由因泥洹이니 所緣亦然이니라.

풀이 ▶▶▶ 원인을 따라 좋은 곳에 나고, 원인을 따라 나쁜 곳에 떨어지며
원인으로 말미암아 열반을 얻나니 인연도 또한 그러하다.

주해 ▶▶▶ 因(인): 결과를 낳은 직접적인 원인. •緣(연): 인(因)에 협동하여 결
과를 낳은 간접적인 힘이 되는 연줄.

미 록 의 야　　조 의 허 공
糜鹿依野하고 鳥依虛空하며

법 귀 기 보　　진 인 귀 멸
法歸其報하고 眞人歸滅이니라.

풀이 ▶▶▶ 사슴은 들판을 의지하고 새는 허공을 의지하며, 법은 그 갚음
(보응)으로 돌아가고 진인은 멸함으로 열반에 돌아간다.

시무여불　　시불여무
始無如不하고 始不如無라

시위무득　　역무유사
是爲無得하고 亦無有思니라.

풀이 ▶▶▶　시작이 없으면 아니함과 같고 시작을 하지 않으면 없는 것과
같다. 그리하여 얻는 것이 없고 또한 생각하는 바도 없다.

심난견습가도　　각욕자내구견
心難見習可覩요 覺欲者乃具見이라 .

무소약위고제　　재애욕위증통
無所樂爲苦際요 在愛欲爲增痛이니라.

풀이 ▶▶▶　마음은 보기 어려우나 익히면 볼 수 있고 욕심을 깨달은 자는
바른 견해(見解)를 갖춘다. 즐거워함이 없는 것은 괴로움의 끝이 되고
애욕이 있는 것은 고통을 더함이 된다.

주해 ▶▶▶　可覩(가도): 볼 수 있다. • 具見(구견): 견해를 갖춤. • 苦際(고제): 제
는 가장자리의 뜻이니 즉 괴로움의 끝. • 增痛(증통): 고통을 더함.

명불청정능어　　무소근위고제
明不清淨能御하고 無所近爲苦際니라

견유견문유문　　염유염식유식
見有見聞有聞하고 念有念識有識이니라.

풀이 ▶▶▶　더러움을 밝게 보아 잘 억제하고 가까이 할 것이 없으면 괴로
움을 벗어난다. 보면 봄이 있고 들으면 들음이 있으며 생각하면 생각

이 있고 의식하면 의식이 있다.

주해 ▶▶▶ 御(어): 여기서는 억제한다, 제어한다. • 無所近(무소근): 가까이 할
것이 없음.

도 무 착 역 무 식　　　일 체 사 위 득 제
觀無著亦無識하고 一切捨爲得際니라

제 신 상 멸 통 행　　　식 이 진 위 고 경
除身想滅痛行하며 識已盡爲苦竟이니라.

풀이 ▶▶▶ 보아서 집착이 없으면 의식도 없고 모든 것을 버리면 괴로움
을 벗어날 수 있다. 몸과 생각을 버리면 고통의 행 멸해지며 의식이 이
미 다하면 괴로움이 끝난다.

주해 ▶▶▶ 無著(무착): 집착이 없음. • 痛行(통행): 고통스러운 여러 가지 행동.

좌 즉 동 허 즉 정　　　동 비 근 비 유 락
猗則動虛卽淨이니 動非近非有樂이니라

낙 무 근 위 득 적　　　적 이 적 이 왕 래
樂無近爲得寂이니 寂已寂已往來니라.

풀이 ▶▶▶ 마음에 의지하면 움직이고 비우면 깨끗하나니 움직임은 가까
이 할 것이 아니고 즐거움이 있는 것도 아니다. 즐거움을 가까이하지
않으면 고요함을 얻나니, 이미 완전하게 고요해졌으면 세상에서 왕래
가 없게 된다.

내 왕 절 무 생 사 　 　 생 사 단 무 차 피
來往絶無生死하고　生死斷無此彼하며

차 피 단 위 양 멸 　 　 멸 위 여 위 고 제
此彼斷爲兩滅하고　滅爲餘爲苦除니라.

풀이 ▶▶▶　오고감을 끊으면 생사가 없고 생사를 끊으면 이것과 저것이
없으며, 이것과 저것을 끊으면 두 가지를 멸함이 되고 멸하여 남음이
없으면 괴로움을 없앰이 된다.

비 구 유 세 생 　 　 유 유 유 작 행
比丘有世生하여　有有有作行이라

유 무 생 무 유 　 　 무 작 무 소 행
有無生無有하고　無作無所行이니라.

풀이 ▶▶▶　비구가 세상에 태어나서 존재함이 있으면 행함이 있다. 태어
남이 없으면 존재도 없고, 짓는 바가 없으면 행함도 없다.

부 유 무 념 자 　 　 위 능 득 자 치
夫有無念者는　爲能得自致하고

무 생 무 복 유 　 　 무 작 무 행 처
無生無復有하고　無作無行處니라.

풀이 ▶▶▶　무릇 오직 생각이 없는 자만이 능히 스스로 이룸을 얻고, 태어
남이 없으면 다시 존재함도 없고, 짓는 바가 없으면 행하는 곳도 없다.

생유작행자   시위부득요
生有作行者는 是爲不得要하니

약 이 해 불 생   불 유 불 작 행
若已解不生이면 不有不作行이니라.

풀이 ▶▶▶ 생이 있어 행을 짓는 자는 가장 요긴한 것을 얻지 못하였으니,
나지 않는 이치를 깨달았으면 존재함도 없고 행을 지음도 없을 것이다.

즉 생 유 득 요   종 생 유 이 기
則生有得要하지만 從生有已起하고

작 행 치 사 생   위 개 위 법 과
作行致死生하나니 爲開爲法果니라.

풀이 ▶▶▶ 즉 나서 존재하면 요긴한 것 얻지만 남으로부터 존재가 이미
일어나고, 행을 지어 생사 이루나니 그 때문에 법의 결과를 열어 보임
이 된다.

종 식 인 연 유   종 식 치 우 락
從食因緣有하고 從食致憂樂이라

이 차 요 멸 자   무 부 념 행 적
而此要滅者는 無復念行迹이니라.

제 고 법 이 진   행 멸 잠 연 안
諸苦法已盡하고 行滅湛然安이니라.

풀이 ▶▶▶ 먹는 것을 따라 인연이 있고 먹을 것을 따라 근심과 즐거움을
이룬다. 그러나 이것을 없애려는 자는 다시는 행한 자취를 생각하지

않는다. 모든 괴로움의 법이 이미 다하고 행이 사라지면 마음이 맑아서 편안하다.

주해 ▶▶▶ 湛然(잠연): 맑고 깨끗한 모양.

무 부 허 공 입　　무 제 입 용 입
無有虛空入하고　無諸入用入하며

무 상 불 상 입　　무 금 세 후 세
無想不想入하며　無今世後世니라

비 구 오 이 지　　무 부 제 입 지
比丘吾已知면　無復諸入地라.

풀이 ▶▶▶ 비구여! 내가 이미 알았으면 다시 들어갈 곳이 없다. 허공에 들어갈 존재도 없고, 모든 받아들이는 작용도 없으며 생각하거나 생각하지 않음에 들어감도 없으며 현세도 내세도 없다.

역 무 일 월 상　　무 왕 무 소 현
亦無日月想하며　無往無所懸이라

아 이 무 왕 반　　불 거 이 불 래
我已無往反하니　不去而不來니라.

풀이 ▶▶▶ 역시 해와 달이라는 생각도 없고 감도 없고 걸린 것도 없다. 나는 이미 가고 돌아옴이 없으니 가지도 않고 또 오지도 않는다.

불 몰 불 부 생　　　시 제 위 니 항
不沒不復生이 是際爲泥洹이라

여 시 상 무 상　　　약 락 위 이 해
如是像無像과 苦樂爲以解니라.

풀이 ▶▶▶ 죽지 아니하고 다시 나지도 않는 그 경지를 열반이라 한다. 이
와 같이 하여 형상의 있고 없음과 괴로움과 즐거움을 모두 다 벗어난다.

소 견 불 부 원　　　무 언 언 무 의
所見不復恐하고 無言言無疑니라

단 유 지 사 전　　　구 우 무 소 의
斷有之射箭하고 遘愚無所猗면

시 위 제 일 쾌　　　차 도 적 무 상
是爲第一快하고 此道寂無上이니라.

풀이 ▶▶▶ 보는 것이 다시는 두렵지 않고 말이 없으니 말에 의심이 없다.
온갖 집착의 화살을 쏘는 걸 끊고 어리석음을 만나도 의지함이 없으면
이것이 가장 유쾌한 일이고 이 도(道)는 그 이상이 고요함이 없다.

주해 ▶▶▶ 射箭(사전): 화살을 쏘는 것. • 遘愚(구우): 어리석음을 만남.

수 욕 심 여 지　　　행 인 여 문 역　　　정 여 수 무 구　　　생 진 무 피 수
受辱心如地하고 行忍如門閾하며 淨如水無垢하고 生盡無彼受니라.

풀이 ▶▶▶ 욕됨을 받아도 마음은 땅과 같고 참음을 행함이 문지방과 같
으며 마음이 깨끗하기를 물에 때가 없는 것같이 하면 생을 다해도 그
는 더러움을 받음이 없다.

이 승 부 족 시　　수 승 유 복 고
利勝不足恃니 雖勝猶復苦니라

당 자 구 거 승　　이 승 무 소 생
當自求去勝하여 已勝無所生이니라.

풀이 ▸▸▸ 이득이 뛰어나도 오히려 부족하다고 믿으니, 비록 이기더라도
오히려 다시 괴롭다. 마땅히 스스로 법의 뛰어남을 구하여 이미 이겼
으면 태어남이 없으리라.

필 고 불 조 신　　염 태 무 음 행
畢故不造新하여 厭胎無婬行이라

종 초 불 부 생　　의 진 여 화 멸
種燋不復生이니 意盡如火滅이니라.

풀이 ▸▸▸ 옛것이 다하면 새로운 것을 만들지 말며 아이 배는 것을 싫어
하면 음행을 하지 말라. 씨앗을 태워서 다시 나지 않게 하듯 마음을 다
함이 마치 불이 꺼지는 것 같다.

포 태 위 예 해　　하 위 락 음 행
胞胎爲穢海니 何爲樂淫行이리오

수 상 유 성 처　개 막 여 니 항
雖上有善處 皆莫如泥洹

풀이 ▸▸▸ 아이를 배는 것은 더러움의 바다가 되나니 어찌하여 음행을 즐기리오. 비록 하늘 위에 좋은 곳 있다 해도 그것은 모두 열반의 경지만은 못하다.

주해 ▸▸▸ 胞胎(포태): 임신하는 것. • 穢海(예해): 더러움의 바다, 여기서는 은애(恩愛)가 생겨서 무한한 괴로움을 당하기 때문에 하는 말.

실 지 일 제 단　　　불 부 착 세 간
悉知一切斷하여 不復著世間하니

도 기 여 멸 도　　　중 도 중 사 승
都棄如滅度면 眾道中斯勝이니라.

풀이 ▸▸▸ 이런 이치 다 알아 모든 것을 끊고 다시는 이 세상에 집착하지 않으니 모두를 버리기를 멸도(滅度)와 같이 하면 온갖 길 중에 이것이 제일이다.

주해 ▸▸▸ 滅度(멸도): 생과 사를 멸한다는 말, 열반.

불 이 현 제 법　　　지 용 능 봉 지
佛以現諦法하니 智勇能奉持하며

행 정 무 하 예　　　자 지 도 세 안
行淨無瑕穢면 自知度世安이니라.

풀이 ▸▸▸ 부처님은 진실한 법을 밝히셨나니 지혜와 용맹으로 능히 받들어 가져 행이 깨끗하여 더러움 없으면 스스로 세상 건넘을 알아 편안하리라.

주해 ▸▸▸ 諦法(제법): 진리의 법. • 瑕穢(하예): 결점과 더러움.

도 무 선 원 욕   조 복 불 교 계
道務先遠欲하고 早服佛教戒하여

멸 악 극 악 제   이 여 조 서 공
滅惡極惡際면 易如鳥逝空이니라.

풀이 ▶▶▶ 도를 힘써서 먼저 욕심을 멀리하고 일찍이 부처님의 가르침과
계율에 복종하여, 악을 멸하고 악의 끝에 이르면 그 쉽기는 마치 새가
하늘을 날아가는 것 같으리라.

주해 ▶▶▶ **遠欲**(원욕): 욕심을 멀리 함. • **鳥逝空**(조서공): 새가 허공을 남.

약 이 해 법 구   지 심 체 도 행
若已解法句면 至心體道行하라

시 도 생 사 안   고 진 이 무 환
是度生死岸하여 苦盡而無患이니라.

풀이 ▶▶▶ 만약 이미 법의 구절을 알았으면 지극한 마음으로 그 도를 본
받아 행하라. 이와 같이 하면 생사의 언덕을 넘어 괴로움을 다하고 근
심이 없을 것이다.

주해 ▶▶▶ **法句**(법구): 교법(교법)의 글귀, 석가의 가르침. • **體道行**(체도행): 도
를 본받아 행함.

도 법 무 친 소   정 불 문 이 강
道法無親疎하고 正不問羸強이라

요 재 무 식 상   결 해 위 청 정
要在無識想하여 結解爲淸淨이니라.

풀이 ▶▶▶ 도의 법은 친하고 친하지 않음이 없고 정의는 약하고 강함을 묻지 아니한다. 요컨대 분별하는 생각이 없어서 결박이 풀리면 맑고 깨끗하게 된다.

주해 ▶▶▶ 羸强(이강): 약한 것과 강한 것. • 識想(식상): 의식(意識), 사물을 분별하는 생각.

상 지 염 부 신　　위 궤 비 실 진
上智饜腐身이니 危跪非實眞이면

고 다 이 락 소　　구 공 무 일 정
苦多而樂少이면 九孔無一淨이니라.

풀이 ▶▶▶ 최상의 지혜는 썩을 몸을 싫어하니 가부좌가 진실하지 않으면 괴로움이 많고 즐거움이 적으면 아홉 구멍에 한 군데도 깨끗한 곳이 없을 것이다.

주해 ▶▶▶ 危跪(위궤): 단정히 꿇어앉음, 가부좌.

혜 이 위 무 안　　기 의 탈 중 난
慧以危貿安하여 棄猗脫衆難이라

형 부 소 이 말　　혜 견 사 불 탐
形腐銷爲沫하나니 慧見捨不貪이니라.

풀이 ▶▶▶ 지혜로운 이는 위태로움을 편안함으로 바꾸어 의지함을 버리고 모든 어려움 벗어난다. 몸이 썩고 녹아서 물거품 되나니, 지혜로운 사람은 이를 알고 버려서 탐하지 아니한다.

주해 ▶▶▶ 慧見(혜견): 슬기로운 견해.

관 신 위 고 기　　생 노 병 무 통
觀身爲苦器라 生老病無痛이라

기 구 행 청 정　　가 이 획 대 안
棄垢行清淨이면 可以獲大安이니라.

풀이 ▸▸▸ 몸을 살펴보니 괴로움의 그릇이라. 나고 늙고 병들고 죽는 고
통이 있다. 속의 때를 버려 행이 맑고 깨끗하면 큰 안락을 얻을 수 있으
리라.

의 혜 이 각 사　　불 수 루 득 진
依慧以却邪하고 不受漏得盡이니

행 정 치 도 세　　천 인 막 불 례
行淨致度世면 天人莫不禮니라.

풀이 ▸▸▸ 지혜에 의하여 사악함을 물리치고 욕정을 받지 않으면 번뇌가
다함을 얻으리니, 청정한 행으로 세상을 건너 버리면 열반의 피안에
이르러 하늘과 사람이 예배를 아니할 수 없으리라.

生死品

생사품

몸은 죽더라도 영혼은 죽지 않는다

사람이 죽으면 그 몸은 썩어 없어지지만 영혼은 죽지 않고,
그가 행한 업에 따라 여러 가지 형태로 내세에 태어나서, 복
도 받고 또한 고통도 받는 것을 되풀이한다.

생 사 품 자　　설 제 인 혼 령 망 신　　재 수 행 전 생
生死品者는　說諸人魂靈亡神하며　在隨行轉生이니라.

풀이　▶▶▶　생사품(生死品)이란 모든 사람의 혼령과 망신(亡神)을 설하였
으며, 그 행함에 따라 전생(轉生)함을 말한 것이다.

주해　▶▶▶　轉生(전생): 중생이 지옥·아귀·축생·수라·인간·천상의 여섯 가지
길에서 미(迷)의 생사를 거듭하여 끝이 없는 것.

명 여 과 대 숙　　상 공 회 영 락　　이 생 개 유 고　　숙 능 치 불 사
命如菓待熟하여　常恐會零落하며　已生皆有苦니　孰能致不死리오.

풀이　▶▶▶　목숨은 마치 열매가 익기를 기다려 항상 시들어 떨어짐을 두
려워하는 것처럼 이미 태어나면 모두 괴로움이 있나니 누군들 능히 죽

음에 이르지 않으리오.

주해 ▶▶▶ **待熟**(대숙): 익기를 기다림. • **會霙落**(회영락): 떨어짐을 만남, 곧 떨어지는 것.

종 초 락 은 애　　가 음 입 포 영
從初樂恩愛하며 **可淫入泡影**이라

수 형 명 여 전　　주 야 류 난 지
受形命如電하여 **晝夜流難止**이니라.

풀이 ▶▶▶ 처음에 즐거운 은애를 좇아서 음행에 의하여 모태(母胎)에 들어가 형체를 받으니 목숨은 번개 같아서 밤낮으로 흘러 멈추기가 어렵다.

주해 ▶▶▶ **泡影**(포영): 물거품 같은 사람의 생애의 그림자, 곧 태아가 되어 어머니의 뱃속에 드는 것.

시 신 위 사 물　　정 신 무 형 법
是身爲死物이나 **精神無形法**이라

가 령 사 복 생　　죄 복 불 패 망
假令死復生하여 **罪福不敗亡**이니라.

풀이 ▶▶▶ 이 몸은 죽는 물건이 되나 정신에는 형상이 없는 법이다. 가령 죽어서 다시 태어나도 죄와 복은 패망하지 않는다.

주해 ▶▶▶ **死物**(사물): 죽은 물건. • **敗亡**(패망): 없어지는 것.

종시비일세　　종치애구장
從始非一世라 從癡愛久長이라

자차수고락　　신사신부상
自此受苦樂하고 身死神不喪이니라.

풀이 ▶▶▶ 생의 끝과 시작은 한 세대가 아니다. 어리석음에 따르는 애욕
은 오래고 길다. 이것으로써 괴로움과 즐거움 받고 몸은 죽으나 영혼
은 죽지 않는다.

신사대위색　　식사음왈명
身四大爲色하고 識四陰曰名이니

기정십팔종　　소연기십이
其情十八種면 所然起十二이니라.

풀이 ▶▶▶ 몸은 사대(四大)로써 형상이 되고 의식의 네 가지 쌓임이 이름
이 되나니 그 정(情)은 18가지이고, 연기(緣起)는 12가지이다.

주해 ▶▶▶ 四大(사대): 몸을 이루는 네 가지 요소(要素). 즉 지(地), 수(水), 화
(火), 풍(風)을 말함. • 四陰(사음): 사온(四溫)과 통하며 수(受)·상(想)·행
(行)·식(識)의 네 가지 마음의 작용을 말함. 이것은 형체가 없어서 이름으로
만 알 수 있기 때문에 여기에 이름이란 말이 나옴. 앞의 글의 오온(五溫)의 주
(註)에 상세히 나와 있음. • 然起十二(연기십이): 열두 가지 인연을 말하니 다
음과 같다.

1. 무명(無明): 前世(전세)의 번뇌.

2. 행(行): 번뇌로 말미암아 지은 선, 악의 行業(행업).

3. 식(識): 전세의 업에 의해 現世(현세)에서 受胎(수태)하는 것.

4. 명색(名色): 태 안에서 몸과 마음이 점점 발육하는 시기.

5. 육입(六入): 눈, 귀, 코, 혀, 몸, 마음이 태 안에서 이루어진 일.

6. 촉(觸): 2, 3세가 되어 사물에 접촉하는 것.

7 수(受): 모든 감정을 받아들이는 것.

8. 애(愛): 1~15세 이후로 애욕이 강성한 것.

9. 취(取): 성인(成人)이 된 후로 애욕이 더욱 강성해져 욕망을 추구(追求)하는 것.

10. 유(有): 애(愛), 취(取)의 번뇌에 의해 갖가지 업을 지어 미래의 과(果)를 만드는 것.

이상은 현세에 관한 것이고, 미래의 인연으로 생(生)과 노사(老死)가 있다.

11. 생(生): 현세의 업에 의해 내세에 생을 받는 것.

12. 노사(老死): 내세에서 늙어 죽는 것.

신 지 범 구 처　　생 사 불 단 멸
神止凡九處니　生死不斷滅이라

세 간 우 불 문　　폐 암 무 천 안
世間愚不聞하며　蔽暗無天眼이니라.

풀이 ▸▸▸ 영혼이 머무는 곳은 모두 아홉 군데이니, 그리하여 생사는 끊어지지 않는다. 세상의 어리석은 자는 듣지 못하여 마음이 덮이고 어두워서 천안(天眼)이 없다.

주해 ▸▸▸ 神止(신지): 신이 머무는 것. • 九處(구처): 범인이 생사 윤회하는 아홉 군데, 즉 보살계(菩薩戒), 연각계(緣覺界), 성문계(聲聞界), 천상계(天上界), 인간계(人間界), 수라계(修羅界), 축생계(畜生界), 아귀계(餓鬼界), 지옥계(地獄界)를 일컬음. • 天眼(천안): 육안으로 볼 수 없는 사물을 꿰뚫어 보는 안력(眼力).

자 도 이 삼 구   무 목 의 망 견
自塗以三垢니 無目意妄見이라

위 사 여 생 시   혹 위 사 단 멸
謂死如生時하며 惑謂死斷滅이니라.

풀이 ▶▶▶ 스스로 삼구(三垢)를 몸에 바르고 눈이 없어서 견해가 망령되니, 죽음을 생시(生時)와 같다고 일컫고, 혹은 죽으면 끊어져 없어진다고 말한다.

주해 ▶▶▶ 三垢(삼구): 세 가지 때, 즉 탐진치(貪嗔痴). 탐하고, 성내고, 어리석은 것. 삼독(三毒).

식 신 조 삼 계   선 불 선 오 처
識神造三界와 善不善五處니

음 행 이 묵 도   소 왕 여 향 응
陰行而默到하며 所往如響應이니라.

풀이 ▶▶▶ 의식과 정신은 세 가지 세계와 좋고 나쁜 것의 다섯 곳을 만드니 가만히 행하여 묵묵히 이르는 것, 가는 곳마다 마치 울림에 응하는 것 같다.

주해 ▶▶▶ 識神(식신): 식(識)은 사물을 분별하는 마음이고 신(神)은 정신임. 의식하는 마음의 작용을 뜻함. • 三界(삼계): 욕계(欲界)·색계(色界)·무색계(無色界)의 세 가지 세계. • 五處(오처): 지옥도· 아귀도· 축생도· 인도(人道)· 천도(天道)의 다섯 곳. • 陰行(음행): 가만히 행하는 것. • 響應(향응): 소리에 응함, 메아리.

욕 색 불 색 유　　　일 체 인 숙 행
欲色不色有하여　一切因宿行이니

여 종 수 본 상　　　자 연 보 여 의
如種隨本像하여　自然報如意니라.

풀이 ▸▸▸ 욕계와 색계, 무색계가 있어 그 모든 것은 숙행(宿行)에 인연하나니 마치 씨앗이 본래의 형상에 따름 같아서 자연히 보응은 마음과 같다.

주해 ▸▸▸ 宿行(숙행): 전생의 업, 즉 선악의 행임. • 本像(본상): 본래의 형상.

신 이 신 위 명　　　여 화 수 형 자
神以身爲名이　如火隨形字하여

저 촉 위 촉 화　　　수 탄 초 분 신
著燭爲燭火하고　隨炭草糞薪이니라.

풀이 ▸▸▸ 영혼이 몸을 빌려 이름 붙여지는 것을 마치 불이 물질의 형상에 따라 초에 접붙이면 촛불이 되고 숯, 풀, 똥, 섶에 따름과 같다.

심 법 기 즉 기　　　법 멸 이 즉 멸
心法起卽起하고　法滅而卽滅이라

흥 쇠 여 우 박　　　전 전 불 자 식
興衰汝雨雹하여　轉轉不自識이니라.

풀이 ▸▸▸ 법이 일어나면 마음도 일어나고 법이 사라지면 마음도 사라진다. 흥하고 쇠함이 마치 비와 우박과 같아서 돌고 돌지만 스스로 알지 못한다.

식 신 주 오 도　　무 일 처 불 갱
識神走五道하여　無一處不更이라

사 신 복 수 신　　여 륜 전 착 지
捨身復受身하여　如輪轉著地니라.

풀이 ▸▸▸ 정신과 의식이 다섯 가지 길을 달려 어느 한 곳도 바꾸지 않음이 없다. 몸을 버렸다가 다시 몸을 받음이 마치 수레바퀴가 굴러 땅에 붙는 것과 같다.

주해 ▸▸▸ 五道(오도): 오처(五處)와 같음. 즉 지옥(地獄)·아귀(餓鬼)·축생(畜生)·인도(人道)·천도(天道)의 다섯 곳. • 輪轉(윤전): 수레바퀴가 도는 것.

여 인 일 신 거　　거 기 고 실 중
如人一身居하여　去其故室中이니

신 이 형 위 려　　형 괴 신 불 망
神以形爲廬나　形壞神不亡이니라.

풀이 ▸▸▸ 마치 사람의 한 몸이 살면서 그 옛 집을 버리는 것처럼 영혼은 형체를 집을 삼으나 형체는 무너져도 영혼은 죽지 않는다.

주해 ▸▸▸ 故室(고실): 옛집.

정 신 거 형 구　　유 작 장 기 중
情神居形軀하여　猶雀藏器中하다

기 파 작 비 거　　신 괴 신 서 생
器破雀飛去니　身壞神逝生이니라.

풀이 ▸▸▸ 정신은 몸 안에 살면서 마치 참새가 그릇 속에 갇혀 그릇이 부

서지면 날아가는 것처럼 몸이 무너지면 정신은 딴 곳에 가서 산다.

주해 ▶▶▶ 形軀(형구): 형체. •猶(유): 같음.

성 치 정 상 상　　낙 신 상 의 상
性痴淨常想하며 樂身想疑想이라

혐 망 비 상 요　　불 설 시 불 명
嫌望非上要니 佛説是不明이니라.

풀이 ▶▶▶ 성품이 어리석으면 깨끗함을 항상 생각하며, 몸이 즐겁더라도 생각은 의심하는 것이 있다. 싫어하거나 바람은 가장 좋은 것이 아니니, 부처님은 이를 밝지 못하다고 말씀하셨다.

주해 ▶▶▶ 嫌望(혐망): 싫어하고 바라는 것. •上要(상요): 가장 좋은 것.

일 본 이 전 전　　삼 구 오 미 도
一本二展轉하고 三垢五彌度이니라

제 해 십 삼 사　　연 쇄 월 도 환
諸海十三事하면 淵鎖越度歡이니라.

풀이 ▶▶▶ 하나의 근본이 둘로 펼쳐져서 구르고, 세 가지 때가 다섯 가지로 더욱 넓혀진다. 모든 바다에 열세 가지 일이 있으니 연못을 막아 열반의 피안으로 건너감이 즐겁다.

주해 ▶▶▶ 二展(이전): 선과 악, 두 갈래의 전개. •三垢(삼구): 번뇌와 탐욕과 음욕의 세 가지 때. •十三事(십삼사): 십삼승자(十三僧殘), 즉 수행승이 지켜야 할 250계형 중에 중요한 13가지.

道利品

도리품

아랫사람을 선도하고 윗사람을 받들 줄 알아야 한다

임금이나 아버지, 혹은 스승이 된 사람이
아랫사람을 선도하고 이끌어 나가는 길을 설명한다.

도 리 품 자　　군 부 사 행　　개 시 선 도　　솔 지 이 정
道利品者는　君父師行을　開示善道하여　率之以正이니라.

풀이 ▶▶▶　　도리품(道利品)이란 임금과 아버지와 스승이 행할 바를 좋은
길로 열어 보며 이끌어 나가게 함을 말한 것이다.

주해 ▶▶▶　開示(개시) ; 열어 보임.

인 지 봉 기 상　　　　군 부 사 도 사
人知奉其上이니　君父師道士

신 계 시 문 혜　　　종 길 소 생 안
信戒施聞慧는　終吉所生安이니라.

풀이 ▶▶▶　　사람은 그 윗사람을 받들 줄 알아야 하니, 곧 임금과 스승과

아버지와 도사(道士)라. 믿음·계율·보시·들음·지혜는 끝까지 길하여 생기는 바가 편안하다.

숙 명 유 경 복　　생 세 위 인 존
宿命有慶福이면　生世爲人尊하고

이 도 안 천 하　　봉 법 막 불 종
以道安天下하면　奉法莫不從이니라.

풀이 ▶▶▶　숙명(宿命)에 경사와 복이 있으면 이 세상에 태어나서 존귀한 사람이 되고 도로써 천하를 편안하게 하며 법을 받들어 따르지 않는 이가 없으리라.

주해 ▶▶▶　宿命(숙명): 선천적으로 정하여진 운명. • 慶福(경복): 경사스럽고 복됨.

왕 위 신 민 장　　상 이 자 애 하
王爲臣民長이니　常以慈愛下하고

신 솔 이 법 계　　시 지 이 휴 구
身率以法戒하여　示之以休咎니라.

풀이 ▶▶▶　임금은 신민(臣民)의 어른이니 항상 자비로 아랫사람을 사랑하고, 법과 계율로 내 몸을 이끌면서 허물을 짓지 말도록 그들에게 보여 주여야 한다.

주해 ▶▶▶　休咎(휴구): 허물을 쉰다, 곧 허물을 짓지 않는 것.

처 안 불 망 위　　여 명 복 전 후
處安不忘危하며 慮明福轉厚니

복 덕 이 반 보　　불 문 존 이 비
福德之反報는 不問尊以卑니라.

풀이 ▸▸▸ 편안함에 처(處)하여도 위태로움을 잊지 않고 생각이 밝으면 복은 두텁게 이른다. 복과 그 덕의 보응은 높은 이 낮은 이를 묻지 않는다.

주해 ▸▸▸　反報(반보): 보답, 갚음.

부 위 세 간 장　　수 정 불 아 광
夫爲世間將하여 修正不阿狂하며

심 조 승 제 악　　여 시 위 법 왕
心調勝諸惡이면 如是爲法王이니라.

풀이 ▸▸▸　무릇 세상의 주인이 되어 바른 도를 닦아 굽어지지 아니하며 마음을 다스려 모든 악을 이기면 이 같은 것이 곧 법왕(法王)이 된다.

주해 ▸▸▸　將(장): 세상 사람을 거느린다는 뜻에서 여기서는 주인으로 풀이했음. • 法王(법왕): 불법의 종주(宗主)인 석가여래를 말함, 부처를 일컫는 말도 됨.

견 정 능 시 혜　　인 애 호 리 인
見正能施惠하고 仁愛好利人하며

기 리 이 평 등　　여 시 중 부 친
旣利以平均이면 如是衆附親이니라.

풀이 ▸▸▸　바른 법을 보고 능히 은혜를 베풀고 어짊과 사랑으로 사람을 이롭게 하기 좋아하며, 이미 이롭게 하되 이를 고르게 하면 윗사람이

붙좇고 친하리라.

여 우 려 도 수   도 정 종 역 정
如牛厲渡水에 導正從亦正이니

봉 법 심 불 사   여 시 중 보 안
奉法心不邪니라 如是眾普安이니라.

풀이 ▶▶▶ 소를 서로 격려하여 물을 건널 때에 인도함을 바르게 하면 따름도 역시 바르니, 법을 받들어 마음이 삿되지 않게 하라. 이와 같이 하면 뭇사람이 널리 편안하다.

주해 ▶▶▶ 導正(도정): 앞에서 인도하는 자가 바르게 가는 것.

물 망 요 신 상   이 초 고 통 환
勿妄嬈神象하라 以招苦痛患이니라.

악 의 위 자 살   종 부 지 선 방
惡意爲自煞하여 終不至善方이니라.

풀이 ▶▶▶ 망령되어 신령한 코끼리를 희롱하지 말라. 그러면 괴로움과 근심을 부른다. 악한 마음은 스스로를 해치게 되어 마침내 좋은 곳에 이르지 못한다.

주해 ▶▶▶ 神象(신상): 신령스런 코끼리. • 自煞(자살): 스스로 죽다 • 善方(선방): 좋은 곳.

계 덕 가 시 호   복 보 상 수 기
戒德可恃怙니 福報常隨己니라

견 법 위 인 장   종 원 삼 악 도
見法爲人長이면 終遠三惡道니라.

풀이 ▸▸▸   계율의 덕은 가히 믿고 그 의지할 수 있으니, 복의 보응은 항상 자기를 따른다. 법을 보아 그 사람의 어른이 되면 마침내 삼악도(三惡道)를 멀리한다.

주해 ▸▸▸   恃怙(시호): 믿어 의지함. • 三惡道 (삼악도): 살아서 지은 죄과로 인하여 죽은 뒤에 간다는 지옥도와 축생도와 아귀도의 세 악도.

계 신 제 고 외   복 덕 삼 계 존
戒愼除苦畏면 福德三界尊이라

귀 룡 사 독 해   불 범 지 계 인
鬼龍邪毒害는 不犯持戒人니라.

풀이 ▸▸▸   계율을 삼가서 괴로움과 두려움을 없애면 복과 덕은 삼계(三界)에서도 높다. 귀신이나 용의 사악한 해독도 계율을 가진 사람을 침범하지는 못한다.

주해 ▸▸▸   三界(삼계): ① 천(天)·지(地)·인(人)계의 세계 ② 일체 중생이 생사 윤회하는 세 가지 세계. 곧 욕계·색계·무색계 ③ 과거·현재·미래의 세 세계.

무 의 불 성 신   기 망 호 투 쟁
無義不誠信하며 欺妄好鬪諍하면

당 지 원 리 차   근 우 흥 죄 다
當知遠離此라 近愚興罪多니라.

의리가 없고 믿음이 불성실하며, 거짓으로 속이고 망령되고 다투기를 좋아하면 마땅히 여기서 멀리 떠날 줄 알라. 어리석음을 가까이하면 죄를 많이 일으키게 된다.

인 현 언 성 신   다 문 계 행 구
仁賢言誠信하며 多聞戒行具니

당 지 친 부 차   근 지 성 선 다
當知親附此하고 近智誠善多니라.

풀이 ▶▶▶ 어진 이는 현명해서 말이 성실하고 미더우며 많이 들어서 계행을 갖추었으니, 마땅히 이런 이와 친하게 지내고, 지혜로운 이와 가까이 하면 성실과 선행이 많이 일어난다.

주해 ▶▶▶ 親附(친부): 친하게 쫓아다님.

선 언 불 수 계   지 난 무 선 행
善言不守戒하며 志亂無善行이면

수 신 처 잠 은   시 위 비 학 법
雖身處潛隱이라도 是爲非學法이니라.

풀이 ▶▶▶ 말만 잘하고 계율을 지키지 않으며 뜻이 어지러워 착한 일을 하지 않으면, 비록 몸이 고요한 곳에 잠겨 있어도 이는 법을 배우는 것이 아니다.

주해 ▶▶▶ 善言(선언): 말을 잘하는 것.

미 설 정 위 상 　　　법 설 위 제 이
美説正爲上이요　法説爲第二며

애 설 가 피 삼 　　　성 설 불 기 사
愛説可彼三이요　誠説不欺四니라.

풀이 ▸▸▸　아름다운 말이 바르면 으뜸이요, 법의 말이 둘째가 되며, 사랑
의 말은 셋째요, 성실하게 말하여 속이지 않음이 넷째가 된다.

무 편 획 리 인 　　　자 이 극 기 신
無便獲利刃하여　自以剋其身이니라.

우 학 호 망 설 　　　행 견 수 행 려
愚學好妄説하고　行牽受幸戾니라.

풀이 ▸▸▸　문득 날카로운 칼날을 잡았어도 스스로 그 몸을 이김이(해침
이) 없다.

어리석은 사람은 망령된 말을 좋아하여 배우고 그 행에 이끌리어 복을
받지 못한다.

주해 ▸▸▸　利刃(이인): 날카로운 칼날. • 行牽(행견): 행동할 바에 이끌리어.

• 受幸戾(수행려): 행복이 어그러짐을 받다, 복을 받지 못한다.

탐 음 진 에 치 　　　시 삼 비 선 본
貪淫瞋恚癡는　是三非善本이니

신 이 사 자 해 　　　보 유 치 애 생
身以斯自害하고　報由癡愛生이니라.

풀이 ▸▸▸　음욕과 성냄과 어리석음. 이 세 가지는 선의 근본이 아니니, 몸

은 이것으로 스스로를 해치고 보응은 어리석은 애욕으로 말미암아 생긴다.

주해 ▶▶▶ 貪淫(탐음): 음행을 탐함. • 癡愛(치애): 어리석은 애욕.

유 복 위 천 인　　비 법 수 악 형
有福爲天人하고 非法受惡形이라

성 인 명 독 견　　상 선 승 불 령
聖人明獨見하고 常善承佛令이라.

풀이 ▶▶▶ 복을 지으면 하늘이나 사람이 되고, 법이 아니면 나쁜 형체를 받는다. 성인은 홀로 밝게 보아서 항상 부처님의 가르침을 잘 받든다.

주해 ▶▶▶ 獨見(독견): 오직 혼자 만나보고 아는 것. • 善承(선승): 잘 받든다. • 佛令(불령): 부처님의 가르침.

계 덕 후 세 업　　이 작 복 추 신
戒德後世業인즉 以作福追身이라

천 인 칭 예 선　　심 정 무 불 안
天人稱譽善이니 心正無不安이니라.

풀이 ▶▶▶ 계율의 덕은 후생의 업(業)인즉, 이것으로 복을 지어 몸에 따르게 한다. 천인이 선을 가상히 여겨 칭찬하니 마음이 올바라 불안함이 없다.

주해 ▶▶▶ 追身(추신): 몸에 따름. • 稱譽(칭예): 칭찬하는 것.

위 악 불 염 지　　일 박 불 자 회
爲惡不念止하고 日縛不自悔면

명 서 여 천 류　　시 원 의 수 계
命逝如川流니 是恐宜守戒니라.

풀이 ▶▶▶ 악을 행하면서 멈추기를 생각하지 않고 날로 결박당하되 스스로 뉘우치지 않으면, 목숨이 가는 것은 마치 강물과 같으니 이것이 두렵거든 마땅히 계율을 지켜라.

금 아 상 체 수　　백 생 위 피 도
今我上體首에 白生爲被盜라

이 유 천 사 초　　시 정 의 출 가
已有天使김하니 時正宜出家니라.

풀이 ▶▶▶ 이제 내 상체의 머리에 흰빛이 생겼으니 검은 머리를 도적맞았네. 이미 하늘 사자의 부름이 있으니 때는 바야흐로 집을 떠나야 할 때이다.

주해 ▶▶▶ 被盜(피도): 도적맞는 것.

吉祥品

길상품
선하게 살면 반드시 큰 복을 받게 된다

사람은 누구라도 부처님의 법을 닦고, 부처님의 가르침에 따라 선하게 살면
반드시 큰 복을 받게 된다는 것을 설명하고 있다.

길 상 품 자　　수 기 지 술　　　거 악 취 선　　　종 후 경 복
吉祥品者는 修己之術하여 去惡就善하면 終厚景福이니라.

풀이 ▶▶▶　길상품(吉祥品)이란 자기의 법술(法術)을 닦아 악을 버리고 선
에 나아가면 마침내 큰 복을 두텁게 받는다는 것을 말한 것이다.
주해 ▶▶▶　吉祥(길상): 길하고 상서로운 것. • 景福(경복): 큰 복.

불 존 과 제 천　　　여 래 상 현 의　　　유 범 지 도 사　　내 문 하 길 상
佛尊過諸天하고 如來常現義이니 有梵志道士가 來問何吉祥인가

풀이 ▶▶▶　부처님은 존귀함이 모든 하늘을 초월하시고 여래는 항상 이치
를 나타내시니, 어떤 범지(梵志)와 도사(道士)가 있어, 와서 '무엇이 길
하고 상서로운 것인가?' 하고 물었다.

주해 ▶▶▶ 諸天(제천): ① 모든 하늘. 곧 하늘은 여덟로 되어 있는데 그 여러 하늘은 마음을 수양하는 경계를 따라서 나뉘어 있으며, 이 여덟의 모든 하늘은 일컬음. ② 천상계의 모든 부처님.

어 시 불 민 상　　위 설 진 유 요
於是佛愍傷하여　爲說眞有要라

이 신 락 정 법　　시 위 최 길 상
已信樂正法이면　是爲最吉祥이니라.

풀이 ▶▶▶ 이에 부처님은 그들을 불쌍히 여겨, 그들을 위하여 참된 이치를 말씀하셨다. 이미 바른 법을 믿고 즐겨하는 것, 이것이 가장 길하고 상서롭다고 하셨다.

주해 ▶▶▶ 愍傷(민상): 슬퍼하는 것, 불쌍히 여기는 것. • 眞有要(진유요): 참으로 요체(要諦)가 있는 것, 참된 이치.

약 부 종 천 인　　희 망 구 요 행
若不從天人하여　希望求僥倖하고

역 불 도 사 신　　시 위 최 길 상
亦不禱祠神이면　是爲最吉祥이니라.

풀이 ▶▶▶ 만일 하늘이나 사람에 좇아 요행을 바라거나 구하지 말고, 또한 귀신에게 제사하여 빌지 않으면 이것이 가장 길하고 상서로운 것이다.

주해 ▶▶▶ 僥倖(요행): 이루어질 수 없는 것이 뜻밖에 이루어짐.

우 현 택 선 거　상 선 위 복 덕
友賢擇善居　常先爲福德

칙 신 종 진 정　시 위 최 길 상
勅身從眞正　是爲最吉祥

풀이 ▸▸▸ 어진 이를 벗하여 삼고 선을 가려 살면서 항상 먼저 복덕을 행하며, 몸을 경계하여 참되고 바른 도리를 따르면 이것이 가장 길하고 상서로운 것이다.

거 악 종 취 선　　피 주 지 자 절
去惡從就善하고　避酒知自節하며

불 음 어 여 색　　시 위 최 길 상
不淫于女色이면　是爲最吉祥이니라.

풀이 ▸▸▸ 악을 버리고 선을 좇아 나아가고, 술을 피하여 스스로 절제할 줄을 알며, 여색에 빠져 음란하지 않으면 이것이 가장 길하고 상서로운 것이다.

다 문 여 계 행　　법 률 정 진 학
多聞如戒行하고　法律精進學하며

수 이 무 소 쟁　　시 위 최 길 상
修已無所爭이면　是爲最吉祥이니라.

풀이 ▸▸▸ 많이 들어 계율과 같이 행하고 법률을 정진해서 배우며, 내 몸을 닦아 남과 다툼이 없으면 이것이 가장 길하고 상서로운 것이다.

거 효 사 부 모   치 가 양 처 자
居孝事父母하고 治家養妻子하며

불 위 공 지 행   시 위 최 길 상
不爲空之行이면 是爲最吉祥이니라.

풀이 ▸▸▸ 집에 있으면 효도로 부모를 섬기고 집을 다스려 처자를 양육하며, 부질없는 행동을 하지 않으면 이것이 가장 길하고 상서로운 것이다.

불 만 부 자 대   지 족 념 반 복
不慢不自大하고 知足念反復하며

이 시 송 습 경   시 위 최 길 상
以時誦習經이면 是爲最吉祥이니라.

풀이 ▸▸▸ 교만하지 않고 자기를 크게 여기지 않고 족함을 알아 거듭 되풀이해 생각하며, 때로 경전을 외우고 익히면 이것이 가장 길하고 상서로운 것이다.

주해 ▸▸▸ 自大(자대): 스스로 큰 체하며, 자기를 크게 여김. • 知足(지족): 무엇이든 만족할 줄 앎.

소 문 상 이 인   낙 욕 견 사 문
所聞常以忍하고 樂欲見沙門하며

매 강 첩 청 수   시 위 최 길 상
每講輒聽受하면 是爲最吉祥이니라.

풀이 ▸▸▸ 항상 듣는 것을 참으로써 하고 즐겨서 사문(沙門) 보기를 원하며, 매번 설법이 있을 때마다 들어서 받아들이면 이것이 가장 길하고 상서로운 것이다.

주해 ▶▶▶ 每講(매강): 강론이(설법이) 있을 때마다. • 聽受(청수): 잘 들어서 마음에 간직하는 것.

지 재 수 범 행　　　상 욕 견 현 성
持齋修梵行하고 常欲見賢聖하여

의 부 명 지 자　　　시 위 최 길 상
依附明智者면 是爲最吉祥이니라.

풀이 ▶▶▶ 재계(齋戒)를 가져 범행(梵行)을 닦고 항상 성현(聖賢)을 보기를 원하며, 지혜가 밝은 이에게 의지하면 이것이 가장 길하고 상서로운 것이다.

주해 ▶▶▶ 持齋(지재): 정오(正午)를 지내면 음식을 먹지 않는 것을 '재'라 하니, 즉 재법(齋法)을 지켜서 어기지 않음을 뜻함. • 梵行(범행): 음행과 탐욕을 끊는 청정한 행(行).

이 신 유 도 덕　　　정 의 향 무 애
以信有道德하고 正意向無疑하여

욕 탈 삼 악 도　　　시 위 최 길 상
欲脫三惡道면 是爲最吉祥이니라.

풀이 ▶▶▶ 도덕이 있음을 믿고 뜻을 바르게 하여 의심 없는 경지로 향하여, 삼악도를 벗어나고자 한다면 이것이 가장 길하고 상서로운 것이다.

등 심 행 보 시　　봉 제 득 도 자
等心行布施하고 奉諸得道者하며

역 경 제 천 인　　시 위 최 길 상
亦敬諸天人이면 是爲最吉祥이니라.

풀이 ▸▸▸ 평등한 마음으로 보시를 행하고 모든 도를 이룬 자를 받들며, 또한 모든 하늘과 사람을 공경하면 이것이 가장 길하고 상서로운 것이다.

주해 ▸▸▸ 等心(등심): 평등한 마음.

상 욕 이 탐 욕　　우 치 징 애 의
常欲離貪欲하고 愚癡瞋恚意도

능 습 성 도 견　　시 위 최 길 상
能習誠道見이면 是爲最吉祥이니라.

풀이 ▸▸▸ 항상 탐욕에서 떠나기를 바라고 어리석음과 성내는 마음도 능히 성실한 도의 견해를 익히면 이것이 가장 길하고 상서로운 것이다.

약 이 기 비 무　　능 근 수 도 용
若以棄非務하여 能勤修道用하며

상 사 어 가 사　　시 위 최 길 상
常事於可事면 是爲最吉祥이니라.

풀이 ▸▸▸ 만약 힘쓰지 않을 것을 버림으로써 능히 부지런히 오의 행을 닦으며, 항상 섬길 것을 섬기면 이것이 가장 길하고 상서로운 것이다.

주해 ▸▸▸ 非務(비무): 힘쓰지 않은 것, 필요치 않는 일. • 道用(도용): 도의 작용, 도의 行(행). • 可事(가사): 반드시 섬겨야 할 것.

일 체 위 천 하　　건 립 대 자 의
一切爲天下하며 建立大慈意하고

수 인 안 중 생　　시 위 최 길 상
修仁安衆生이면 是爲最吉祥이니라.

풀이 ▶▶▶ 　모든 하는 일은 모두 천하를 위해 큰 자비로운 마음을 세우고,
인덕을 닦아 중생을 편안케 하면 이것이 가장 길하고 상서로운 것이다.

욕 구 길 상 복　당 신 경 어 불　욕 구 길 상 복　당 문 법 구 의
欲求吉祥福 當信敬於佛 欲求吉祥福 當聞法句義

욕 구 길 상 복　당 공 양 중 승　계 구 청 정 자　시 위 최 길 상
欲求吉祥福 當供養衆僧 戒具淸淨者 是爲最吉祥

풀이 ▶▶▶ 　길하고 복을 구하려거든 마땅히 부처님을 믿고 공경하라. 길
하고 복을 구하려거든 마땅히 법구의 이치를 들어라. 길상(吉祥)의 복
을 구하려거든 마땅히 중들을 공양하라. 계율을 갖춤이 밝고 깨끗하면
이것이 가장 길하고 상서로운 것이다.

주해 ▶▶▶ 　法句(법구): 불경의 글귀. • 戒具(계구): 계율을 갖춤.

지 자 거 세 간　　상 습 길 상 행
智者居世間하며 常習吉祥行하여

자 차 성 혜 견　　시 위 최 길 상
自致成慧見하나니 是爲最吉祥이니라.

풀이 ▶▶▶ 　지혜로운 사람은 세상에 살면서 항상 길하고 상서로운 행을
익혀 스스로 지혜로운 견해를 이루나니 이것이 가장 길하고 상서로운

것이다.

범 지 문 불 교   심 중 대 환 희
梵志聞佛敎하고 心中大歡喜하여

즉 전 례 불 족   귀 명 불 법 승
卽前禮佛足하고 歸命佛法僧이니라.

풀이 ▸▸▸ 범지는 부처님의 가르침을 듣고 마음속으로 크게 기뻐하여 곧
앞으로 나아가 부처님 발에 예배하고 불법승에 귀의(歸依)하였다.

주해 ▸▸▸ 梵志(범지): '바라문(婆羅門)'의 별칭 또는 그 계급 출신의 중. 바라
문은 인도 4성 가운데 가장 높은 지위의 승족(僧族). 제사와 교법(敎法)을 나
스러 다른 3성의 존경을 받음. • 歸命(귀명): 마음으로부터 믿고 공경함을 뜻
함. 지극한 공경심을 갖고 예배하는 것을 말함.